Vivre pour Dieu
en Jésus-Christ

JEAN-JACQUES OLIER

VIVRE POUR DIEU EN JÉSUS-CHRIST

Introduction par
RAYMOND DEVILLE

Épiphanie – École française
Documents

LES ÉDITIONS DU CERF
PARIS

1995

© *Les Éditions du Cerf,* 1995
(29, boulevard Latour-Maubourg
75340 Paris Cedex 07)

ISBN 2-204-05143-8
ISSN en cours

Introduction

Jean-Jacques Olier n'est pas un écrivain facile à aborder. La distance historique et culturelle qui nous sépare
des hommes et des femmes du « grand siècle des âmes »
impose quelques efforts à qui veut les découvrir, et le
français des années 1640 ou 1650 n'a pas encore la lim-
pidité ou la simplicité qu'on apprécie chez Racine ou
chez Fénelon. Des textes spirituels aussi nettement fon-
dés en doctrine méritent cependant notre attention, et leur
lecture peut se révéler très fructueuse et particulièrement
actuelle.

Ces pages d'introduction se proposent de rappeler
quelques traits de la personnalité d'Olier ainsi que les
aspects majeurs de son expérience spirituelle et de son
enseignement. Sa vie relativement courte mais très active,
la réflexion qu'il a faite sur son propre cheminement, et
son témoignage de maître spirituel sont fortement imbri-
qués les uns dans les autres ; s'il y a eu des « étapes » dans
son évolution personnelle et dans son ministère, l'unité
de son existence chrétienne et apostolique peut se découvrir assez aisément. Ce qu'il proposait à ses disciples à la

suite de saint Paul, il l'avait vécu lui-même, douloureusement parfois, mais toujours dans la lumière de l'Esprit de Jésus : « Vivre souverainement pour Dieu dans le Christ Jésus [1] ». D'où le titre donné à ce choix de textes.

La *Chronologie* qui suit cette Introduction n'est pas une simple énumération de dates et d'événements ; elle permet de situer les écrits qu'on va lire dans le déroulement d'une vie spirituelle d'apôtre. L'existence de Jean-Jacques Olier est marquée par des étapes importantes, qu'on appelle parfois, après lui, autant de conversions. J'en souligne seulement quelques-unes.

Après une enfance pieuse et studieuse, alors que sa famille l'oriente vers une carrière ecclésiastique riche en bénéfices, Olier éprouve à vingt-deux ans, lors d'un pèlerinage à Lorette, « un grand désir de la prière ». Peu après, il choisit avec enthousiasme le service de l'Évangile et les tâches pastorales, qu'il commence en participant à la prédication des missions populaires, dans le sillage de saint Vincent de Paul et de ses compagnons.

Une grave épreuve spirituelle, lors des missions prêchées entre la fin de 1639 et le printemps de 1641, lui fait faire une profonde « expérience de l'Esprit » qui le marquera pour toujours et qu'il a décrite d'une manière à la fois détaillée et percutante.

Du milieu de l'année 1641 jusqu'en 1652, libéré de ses angoisses et progressivement du souci de lui-même, il connaît une période extrêmement féconde sur les plans apostolique et personnel. Ce sont les grandes années de sa vie : fondation du séminaire (décembre 1641, à Vaugirard), prise en charge de la paroisse Saint-

---

1. « Pietas seminarii Sancti Sulpitii », 1 ; voir p. 211. Voir aussi « Lettre à la mère de Bressand », p. 221 et Rm 6, 11.

Sulpice et installation du séminaire auprès de l'église (1642), engagements multiples en faveur de Villemarie (Montréal), réorganisation de la paroisse, nombreuses initiatives et interventions.

L'année 1651 marque un sommet dans cette trajectoire : mission prêchée par saint Jean Eudes à la paroisse, présentation à l'Assemblée du clergé du *Projet pour l'établissement d'un séminaire dans un diocèse* mettant en œuvre son expérience de fondateur et de formateur de prêtres ; inauguration et bénédiction du séminaire qu'il a bâti ; succès de son action contre les duels, organisation des œuvres de charité dans sa paroisse...

Les dernières années, 1652-1657, voient mûrir d'autres fruits : frappé par la maladie, Olier doit laisser sa charge de curé ; mais il garde la conduite du séminaire et le ministère de la direction spirituelle. Il étend même son action par la fondation de plusieurs séminaires en province, par la rédaction de quelques livres de spiritualité destinés d'abord à ses paroissiens, enfin d'une manière particulière par la formation spirituelle et pédagogique de ses disciples, premiers membres de la Compagnie de Saint-Sulpice.

L'un de ses derniers actes de gouvernement, comme une volonté testamentaire, fut de désigner pour la « mission » du Canada quatre de ses confrères, qui partirent effectivement quelques semaines après sa mort.

Ces grandes étapes avaient évidemment leur retentissement, sans doute aussi leur source, dans la vie spirituelle de celui qui les franchissait. Jean-Jacques Olier les a marquées lui-même par des « vœux » tout personnels, auxquels il attachait une grande importance : servitude filiale à Marie lors de son ordination au diaconat ; servitude à Jésus, dans la ligne bérullienne, aussitôt après la fondation du séminaire ; servitude aux âmes, une fois

qu'il est curé de Saint-Sulpice ; vœu d'hostie, en donation encore plus complète et liée à sa dévotion à l'eucharistie (1643) ; enfin, en 1651 – année décisive pour
lui, on vient de le voir – acte d'oblation de type marial,
qui achève et couronne tout un cheminement de consécration et de désappropriation.

Vie chrétienne et prière.

Au terme de sa vie, Olier a publié quelques ouvrages
qui condensent son enseignement, sa doctrine spirituelle
et sa propre expérience. Leurs titres contiennent l'adjectif «chrétien», pris dans son sens étymologique : *La
Journée chrétienne, Catéchisme chrétien pour la vie
intérieure, Vie et vertus chrétiennes.* Il n'y a pas là une
banalité : la personne du Christ, l'emprise de l'Esprit de
Jésus sont les réalités centrales de la pensée et de l'action de Jean-Jacques Olier. De nombreux textes le mon-
treront. Olier insiste sur le baptême, qui nous configure
au Christ et qui inaugure notre «vie chrétienne». Le
mystère de l'eucharistie, présence, sacrifice et communion, est évidemment au cœur de sa foi. Il avait, pendant
quelque temps, pensé appeler ses compagnons «prêtres
du Saint-Sacrement», mais le nom était déjà pris...
    Son expérience de l'oraison et ses conseils sur la prière
sont également tout centrés sur la personne de Jésus, que
l'on adore, à qui l'on s'unit, et à l'Esprit duquel on
s'abandonne pour agir dans ses intentions. Olier a été un
grand maître d'oraison : Gilles Chaillot l'a montré [1].

----

1. *Cahiers sur l'oraison*, supplément au n° 220, 1988 ; voir aussi notre
article «J.-J. Olier, maître d'oraison», *Bulletin de Saint-Sulpice*, n° 14,
p. 89-112.

Jamais pourtant il n'a oublié l'importance primordiale de la prière liturgique, messe et office divin. Ses « actes pour le saint office » demeurent toujours actuels. Mais quelle que soit la forme de la prière chrétienne, elle continue et actualise la prière même de Jésus, et elle est formée en nous par son Esprit.

Dans le droit fil de la tradition, Olier nous donne à la fois les fondements bibliques et théologiques de la prière chrétienne et des « chemins » pratiques, méthode et formules, qui peuvent guider l'oraison.

Un historien de la spiritualité a écrit récemment : « On peut penser que la contribution la plus pratique de l'École française à la spiritualité catholique a été son approche résolument christocentrique de la prière. On la trouve clairement exprimée dans ce qu'on appelle la "méthode sulpicienne", qui comporte successivement une étape d'adoration : Jésus devant les yeux ; une étape de communion : Jésus dans le cœur ; et une étape de coopération : Jésus dans les mains. » Le même auteur, en concluant son chapitre avec la prière de M. Olier : « Ô Jésus, vivant en Marie » (voir p. 127), dit qu'elle « résume admirablement l'enseignement de Bérulle et de son école [1] ». Henri Bremond avait déjà écrit, sur la même prière : « Comme *tessera* de l'École française, il serait difficile d'imaginer rien de plus parfait [2]. »

---

1. John SAWARD, *The Study of Spirituality*, Londres, 1986, p. 395-396.
2. *Histoire littéraire du sentiment religieux*, Paris, t. III, 1925, p. 98, note.

L'esprit apostolique.

L'expression est chère à Olier, et c'est une des clés de sa pensée et de son action, mais d'abord de son expérience. Si elle est courante au XVIIe siècle, elle recouvre un certain nombre d'attitudes fondamentales, œuvre en nous de l'Esprit même de Jésus répandu sur les apôtres à la Pentecôte et sur l'Église après eux : désir ardent de voir Jésus connu et aimé (Olier parle fréquemment de ses grands désirs à ce sujet), conscience aiguë d'une mission reçue du Seigneur (il évoque souvent sa vocation), sens de l'urgence de cette mission (« le feu » sur la terre), et engagement total, « à plein temps et à plein cœur », au service du Royaume et des hommes (ce que fut sa vie).

Si un seul texte de cette anthologie – la lettre à la sœur de Vauldray, p. 219 – fait explicitement mention de « l'esprit apostolique », « don pour lequel il faut employer toutes nos forces », l'ensemble de l'activité de Jean-Jacques Olier témoigne de l'emprise sur lui de cet esprit d'apostolat qu'il voulait aussi infuser à ses disciples et dans tout le clergé : missions en France, fondation du séminaire Saint-Sulpice, puis d'autres séminaires, réforme et renouvellement de la paroisse, engagement dans la fondation et le soutien de Villemarie comme centre missionnaire pour les tribus indigènes du Canada, multiples relations de direction spirituelle, rédaction d'ouvrages pour introduire des laïques à une vie chrétienne intense, démarches personnelles pour un service au loin (Angleterre, Perse, Tonkin). Il n'y a pas en tout cela agitation, mais passion pour le Règne de son Seigneur.

Le service des prêtres.

On ne connaît parfois Olier que comme fondateur du séminaire, alors qu'il a été d'abord un missionnaire, et qu'il resta toujours un pasteur et un directeur spirituel apprécié. Bossuet parlera de lui comme de « l'un de nos bons mystiques ». C'est, en effet, son souci de voir l'Église se réformer et les « peuples » devenir vraiment chrétiens qui l'a poussé à organiser la formation des prêtres, alors si déficiente en dépit des prescriptions du concile de Trente (peu appliquées en France, ou mal adaptées à sa situation).

La misère spirituelle des campagnes, vivement ressentie lors de ses prédications de mission, avait éveillé en lui un sens aigu de la responsabilité des prêtres. En vue du renouvellement de l'Église, il fallait un renouveau du clergé : pendant seize ans, il a consacré à cette tâche tous ses efforts. Certes, sa théologie du ministère presbytéral était celle de son temps, marquée par la pensée de Denys l'Aréopagite : il l'a beaucoup lu, il lui a emprunté l'idée de la hiérarchie canal obligé de la grâce découlant sur les prêtres et de là sur les fidèles. Mais il avait en même temps un sens très fort du sacerdoce baptismal de tous les chrétiens (p. 99). Il ne fut jamais « clérical » au sens étroit du mot, même si la lecture de telle page du *Traité des saints ordres* pourrait le faire croire. Publié par Louis Tronson en 1676, soit dix-neuf ans après la mort d'Olier, ce livre, appelé à un long succès, était destiné aux séminaristes ; il exaltait leur état de clercs et leur service de l'autel, dans une optique plus ascétique que mystique. Il n'avait pas tout repris de ce qu'Olier avait pu dire, tant de l'épiscopat que du laïcat.

Le *Projet de l'établissement d'un séminaire dans un diocèse* (1651) et de nombreux écrits sur le sujet, ainsi que les conseils donnés à ses disciples, montrent à quel point Olier se préoccupait de la sainteté des prêtres : il avait de leur ministère une très haute idée, toute nourrie de la Parole de Dieu, de la lecture des Pères et aussi de sa propre expérience longuement réfléchie.

C'est le souci de la vraie vie spirituelle de ses frères prêtres qui le poussait à les former à la prière (p. 83). N'avait-il pas perçu sa vocation comme une invitation de Dieu à « vivre dans une contemplation perpétuelle et à porter la contemplation dedans le clergé » (« Mémoires », ms. 7, f° 290) ?

Olier directeur spirituel.

Henri Bremond, aux yeux de qui Jean-Jacques Olier fut un « pédagogue de première force », a également estimé que « si jamais l'on écrit une histoire critique de la direction, il faudra faire une large place à la correspondance spirituelle de M. Olier ». Le fondateur de Saint-Sulpice, en effet, a toujours donné une grande importance à l'accompagnement spirituel. Ayant lui-même bénéficié de l'aide de saint Vincent de Paul, du père Charles de Condren et de Dom Bataille, il a toujours été soucieux non seulement d'aider personnellement bien des séminaristes, des prêtres, des religieuses et des laïcs ses paroissiens, mais aussi de former avec soin ses disciples comme « ministres de la direction ». Les consignes qu'il leur donnait ont été précieusement recueillies, et les prêtres de Saint-Sulpice ont appris de lui « l'esprit d'un directeur des âmes [1] ».

---

1. L'opuscule publié sous ce titre en 1856 a été repris récemment par Gilles CHAILLOT (*Le Directeur spirituel selon J.-J. Olier*, Paris, Compagnie

Les quelques lettres citées dans le présent recueil peuvent donner le goût d'aller plus loin, soit par la lecture d'autres éléments de la correspondance d'Olier, soit par la réflexion sur la « fonction d'initiation spirituelle » de ses autres écrits [1].

Marcelle Auclair, à qui l'on doit tant pour la connaissance de Thérèse d'Avila, aimait à confier que c'est grâce à un recueil de morceaux choisis – une anthologie – de textes de la Madre qu'elle a commencé à la connaître et a été séduite par elle ; on sait qu'elle a consacré à son étude et à de nombreuses publications thérésiennes toute une partie de sa vie. Puisse cette anthologie donner le goût et le désir d'aller plus loin dans la connaissance de cet apôtre au cœur de feu et de ce grand maître spirituel qu'a été Jean-Jacques Olier.

RAYMOND DEVILLE
supérieur général de Saint-Sulpice.

Cette anthologie a été préparée par les membres de la Commission d'étude des sources et des traditions de la Compagnie de Saint-Sulpice.

de Saint-Sulpice, 1991) ; et partiellement dans J.-J. OLIER, *La Sainteté chrétienne*, Éd. du Cerf, coll. « Foi vivante », n° 293, p. 19-41.
1. Voir C. BOUCHAUD, « J.-J. Olier, directeur spirituel », *Bulletin de Saint-Sulpice*, n° 14, 1988, p. 132-155.

Note sur le texte

Les textes de J.-J. Olier sont cités :
– pour les inédits et le « *Pietas seminarii Sancti Sulpitii* » d'après les manuscrits conservés aux Archives de la Compagnie de Saint-Sulpice, soit à Montréal : ms. 109 (« Vœux ») ; soit à Paris : ms. 1-8 (« Mémoires autographes », t. 1-8), ms. 9 (« Création », « Sainte Vierge »), ms. 11 (« Sacrements », « Oraison »), ms. 12 (« Panégyriques »), ms. 13 (« Fragments »), ms. 14 (« Divers écrits », I), ms. 20 (« Projet de l'établissement »), ms. 139 (« Traité des attributs divins »).

– pour les textes déjà imprimés, selon les éditions suivantes : *Catéchisme chrétien pour la vie intérieure*, Paris, Amiot, 1954 ; *Introduction à la vie et aux vertus chrétiennes*, Paris, Amiot, 1954 ; *La Journée chrétienne*, Paris, Amiot, 1954 ; *Lettres*, Paris, Levesque, 1935 ; *Projet de l'établissement d'un séminaire*, Édition de Paris, 1651.

Les références bibliques utilisent les abréviations de la Bible de Jérusalem ; les psaumes portent le numéro des versions latines. La traduction est empruntée à la Bible de Le Maistre de Sacy, dans la mesure où le contexte le permet. Elle est substituée aux citations en latin qui sont renvoyées en note.

Les crochets ([ ]) indiquent une coupure et les chevrons (< >) une addition.

Chronologie

1608-1634
LES ANNÉES DE PRÉPARATION

1608 :   *20 septembre*, naissance à Paris. Séjour à Lyon *(1617-1624)*.
1622 :   saint François de Sales le bénit.
1625-1630 :   philosophie au collège d'Harcourt, puis théologie en Sorbonne. Olier reçoit divers « bénéfices ».
1630 :   Rome-Lorette : « grand désir de la prière ».
1633 :   *mars*, sous-diaconat ; diaconat. Vœu de servitude filiale à Marie le *26 mars*.
1633 :   *21 mai*, ordination sacerdotale. Dirigé par saint Vincent de Paul. Il participe aux « conférences du mardi ».

1634-1641
LES PREMIÈRES MISSIONS ; LA GRANDE ÉPREUVE

1634-1641 :   missions rurales.
1634 :   rencontre d'Agnès de Langeac. Réforme de l'abbaye de Pébrac.

1635 :   il prend le père de Condren comme directeur.
1636-1638 : retraites importantes.
1638 :   ministère   auprès   de   communautés   religieuses.
                    Réforme du prieuré de la Regrippière. Début des rela-
                    tions avec Marie Rousseau.
Juillet 1639 à *juillet 1641 :* la grande épreuve. Refus d'une seconde
                    nomination épiscopale (Châlons, après Langres en
                    1634).
1641 :   *7 janvier*, mort du père de Condren.

1641-1652
LES GRANDES RÉALISATIONS APOSTOLIQUES

1641 :   *29 décembre*, début du séminaire à Vaugirard.
1642 :   *11 janvier*, vœu de servitude à Jésus. Dom Tarisse puis
                    Dom Bataille deviennent ses directeurs (début de la
                    rédaction des « Mémoires »).
                    27 février, réunion à Notre-Dame de Paris de la
                    « société de Notre-Dame de Montréal ».
                    juin, Olier devient curé de Saint-Sulpice. Il organise le
                    séminaire auprès de la paroisse.
1643 :   *11 janvier*, vœu de servitude aux âmes.
1644 :   *31 mars*, vœu d'hostie.
1647 :   premier envoi de confrères à deux diocèses de
                    province.
1648 :   début de l'action d'Olier contre le jansénisme.
1649 :   séminaire de Nantes ; *1650 :* celui de Viviers.
1651 :   *Projet de l'établissement d'un séminaire* proposé à
                    l'Assemblée du clergé de France.
                    15 août, bénédiction des bâtiments du séminaire.
                    15 septembre, remise de tout lui-même à la Vierge
                    Marie.

1652-1657
ÉPREUVES DE SANTÉ.
DERNIÈRES ACTIVITÉS. PUBLICATIONS

1652 :   *juin*, gravement malade, Olier démissionne de sa cure, mais garde la direction du séminaire.

1653 :   *26 septembre*, paralysie partielle.

1654-1657 : négociations pour fonder les séminaires du Puy, de Clermont et de Montréal.

1655-1657 : publication des traités de spiritualité : *La Journée chrétienne (1655), Catéchisme chrétien pour la vie intérieure (1656), Introduction à la vie et aux vertus chrétiennes.*

1657 :   *2 avril*, mort à Paris, à quarante-huit ans.

             29 juillet, arrivée à Québec des quatre premiers sulpiciens désignés par M. Olier.

< MÉMOIRES >

Parmi tous les textes publiés ou inédits laissés par Olier, aucun n'est aussi révélateur de l'ensemble de son cheminement spirituel et apostolique que celui des *Mémoires autographes* conservés aux Archives de la Compagnie de Saint-Sulpice à Paris (ms. 1 à 8), cette sorte de journal intime où, de 1642 à 1652, il a consigné périodiquement les événements marquants de son itinéraire. Ce document touffu, où s'entremêlent souvenirs anciens et évocations actuelles, récits d'expériences intérieures et méditations ou même canevas de prédications, présente les inconvénients mais aussi la fraîcheur de l'expression spontanée. Il permet au lecteur d'assister comme en direct à la progressive élaboration par l'auteur lui-même de sa propre expérience spirituelle.

On trouvera ici un échantillon significatif de ces relectures de vie où se révèlent quelques-unes des facettes de cette riche expérience personnelle d'Olier. Pour en permettre un abord plus aisé, le style en a souvent été corrigé et modernisé.

< Expérience de l'Esprit >

Composées vers le 23 mars 1642, alors qu'Olier est sorti de sa grande crise intérieure des années 1638-1641, ces pages sont un document capital : touchant au cœur de son expérience chrétienne vécue, elles révèlent comment celle-ci a fait de lui un véritable maître dans l'art du discernement spirituel. Partant de ce qu'il expérimente actuellement de la vie de l'Esprit en plein épanouissement en lui, Olier fait retour sur le passé en découvrant comment ses récentes années d'épreuve l'ont conduit à discerner l'Esprit et à se « laisser » à lui.

< Le discernement fondamental >.

Pour ce qui regarde le Saint-Esprit, dont je parlais maintenant, qui m'aide si sensiblement et à toute heure, je croyais alors ne l'avoir jamais reçu et je ne pouvais croire qu'il fût en moi. Je disais toujours ces paroles : « Dieu, crée en moi un cœur pur et renouvelle en moi un esprit bien disposé [1]. » Je demandais toujours le Saint-Esprit. Et, comme notre bon Dieu voulait m'apprendre à n'agir plus par mon propre esprit, il m'en faisait connaître la laideur et la difformité. Il m'en faisait sentir la corruption* [2]. Il me faisait éprouver comment je ne pouvais rien faire de bien : partout où je me mêlais, je gâtais tout ; partout où mon esprit avait part, il gauchissait toujours et ne pouvait aller droit à Dieu. Si bien que par là j'apprenais qu'il fallait un autre esprit, il fallait un nouvel esprit, qui fût droit, qui ne sût ce que c'est de gauchir, qui allât toujours à Dieu, puisque le mien allait toujours de travers et se réfléchissait sur soi-même, incapable de se séparer et, de quelque façon que ce soit, de s'élever au-dessus de soi-même et du monde : si bien que j'eus le loisir de me convaincre par ma propre expérience quelle est la misère du cœur humain qui tend toujours vers la terre, quelle est la misère de l'esprit humain qui ne regarde jamais Dieu, qui ne tend jamais droit à lui.

De là vient qu'après, ayant senti ce divin Esprit, j'ai si bien discerné ses opérations des miennes. Quand je sentais de bons mouvements, je disais aussitôt : « C'est l'Esprit, ce n'est pas moi ! » Et, dans cette lumière et cette claire distinction des esprits différents, vous pouvez recevoir toutes les grâces et tous les dons sans péril, sans danger quelconque. Aussitôt vous dites : « C'est l'Esprit de mon Dieu, ce n'est pas moi qui ne suis que corruption. »

De là vient qu'après j'ai si volontiers laissé agir l'Esprit tout seul en moi et que je me suis retiré toujours, autant

---

1. « *Cor mundum crea in me, Deus, et spiritum rectum innova in visceribus meis* » (Ps 50, 12).
2. Les mots signalés par un astérisque sont expliqués dans le Glossaire, p. 225.

qu'il m'a été possible, de l'opération* divine en toutes choses, laissant agir en moi l'Esprit, à cause de l'horreur que j'avais de mon propre esprit et de la conviction entière dans laquelle j'étais de sa totale corruption, qui ne pouvait opérer rien de bien et, au contraire, gâtait toutes les choses dont elle se mêlait.

Et l'une des plus grandes grâces que j'ai jamais reçues, il me semble, a été cette distinction de l'Esprit et de la chair* qu'il a plu à Dieu de me donner en me faisant reconnaître ce qu'était le vieil homme, c'est-à-dire l'homme corrompu qui est nommé dans l'Écriture « chair » : « Mon Esprit ne restera pas dans l'homme, car il est chair [1]. » Là le mot de « chair » se prend aussi bien pour l'âme que pour le corps, en tant que l'âme, entachée par le péché, suit toutes les inclinations du corps et du péché, et l'esprit est quasi comme captif de la chair, il y est enseveli, si bien qu'il en suit tous les mouvements, et pour cela il est appelé chair dans l'Écriture. Notre Seigneur dit même aux Juifs : « Vous jugez selon la chair [2] » : l'esprit est chair qui juge comme la chair et suit les maximes du monde. Au contraire, notre âme ou notre esprit, en tant qu'il est élevé par le Saint-Esprit qui le manie et le conduit selon son bon plaisir, en tant que notre esprit est possédé* par le Saint-Esprit et qu'il fait par lui de bonnes œuvres, est appelé « esprit » : « Ce qui est né de la chair est chair ; ce qui est né de l'Esprit est esprit [3]. » Sachant donc par mon expérience et par lumière de grâce combien j'étais misérable, combien

---

1. « *Spiritus meus non permanebit in homine quia caro est* » (Gn 6, 3).
2. « *Vos secundum carnem judicatis* » (Jn 8, 15).
3. « *Quod natum est ex carne caro est ; quod natum est ex Spiritu spiritus est* » (Jn 3, 6).

j'étais incapable de bien, combien j'étais porté au mal, enfin combien mon âme était charnelle, et pourtant ressentant les effets divins, les effets du Saint-Esprit en moi, je disais : « C'est Dieu, c'est son Esprit qui opère ces choses. » Et je n'y prenais aucune part, au contraire je m'étonnais de tant de changements tout d'un coup : tant de lumières au lieu des ténèbres, tant de netteté dans mes pensées au lieu de tant de confusion, tant de liberté de parler au lieu de tant de bégaiements, tant de bons effets de la parole au lieu des sécheresses que j'éprouvais en moi et même que je causais dans les autres, tant de sentiments d'amour et d'élévation vers Dieu au lieu de cette maudite et malheureuse occupation de moi-même, que j'étais contraint de confesser : « C'est le divin Esprit ! » Et je suis bien aise de dire deux stratagèmes que j'ai découverts par mon expérience : l'un de l'amour-propre et l'autre du démon.

< Stratagème de l'amour-propre >.

Le premier stratagème, celui de l'amour-propre, est de nous appliquer toujours à nous-mêmes sous le beau prétexte de regarder notre misère pour nous en corriger. C'est, en fait, le moyen de n'en sortir jamais, car nous ne faisons que nous décourager et même perdre notre temps, n'étant pas capables de nous élever au-dessus de nous-mêmes et de nous corriger.

Le moyen, il me semble, qui m'a beaucoup aidé et qui en a beaucoup aidé d'autres à qui je l'ai proposé, est celui-ci. Étant, comme je le suppose, dans la grâce qui nous lie au Saint-Esprit et qui le rend présent en nous, et ayant aussi une bonne volonté de nous corriger, il s'agit, au lieu d'éplucher nos défauts, de nous donner beaucoup au Saint-Esprit qui habite en nous, afin qu'il nous élève au-dessus de nous-mêmes et qu'il nous fasse opérer saintement et de manière digne de Dieu. Il veut être notre principe pour nous faire agir selon le bon plaisir de Dieu, car, de nous-mêmes, nous ne pouvons rien faire qui plaise à Dieu. Et tout ce que le Saint-Esprit n'opère pas est chair et, par conséquent, déplaît à Dieu : « Ce qui est né de la chair est chair » alors qu'au contraire « ce qui est né de l'Esprit est esprit [1] ». « Le Père veut des adorateurs qui l'adorent en esprit et en vérité [2] » : adorer en esprit et par esprit, c'est-à-dire par le principe et le mouvement du Saint-Esprit qui est en nous et qui nous fait agir par lui. Alors nos œuvres sont saintes et agréables à Dieu ; elles sont même appelées esprit : « Ce qui est né de l'Esprit est esprit [3]. »

De là vient que Dieu aime beaucoup les choses qui sont faites par esprit. Et pour cela les œuvres de notre Seigneur, qui étaient toutes faites en Esprit, son oraison et les autres, étaient si bien reçues de Dieu. « Il a été écouté de Dieu pour sa révérence [4]. » Cela ne s'entend pas seulement : à cause de la personne en laquelle sa nature humaine était fondée, à savoir la personne du Verbe ; mais encore cela s'entend : en raison du principe intérieur, à savoir le Saint-Esprit, qui le faisait prier : « Dans les saints, l'Esprit prie selon Dieu [5]. » Notre Seigneur faisait toutes ses œuvres par ce même principe :

---

1. Voir p. 24, n. 3.
2. « *Pater autem vult adoratores qui adorent eum in spiritu et veritate* » (Jn 4, 24).
3. Voir p. 24, n. 3.
4. « *Exauditus est pro sua reverentia* » (He 5, 7).
5. « *Spiritus orat secundum Deum in sanctis* » (voir Rm 8, 26-27).

« Il fut conduit au désert par l'Esprit [1] » et, en un autre endroit, il est dit : « Il retourna en esprit de ce lieu [2]. » Et même dans le Nouveau Testament il est dit de Siméon : « Il s'en alla en esprit au temple [3] », c'est-à-dire dans le Saint-Esprit, dans sa sainte conduite et son saint mouvement. Ainsi en est-il de tous les saints qui sont appelés saints à cause qu'ils sont possédés et animés du Saint-Esprit qui les conduit en tout.

Or cet Esprit nous est donné à tous : « Sur toute chair, je répandrai mon Esprit [4]. » Et cet Esprit nous est donné pour être parfaits comme Dieu le Père agissant par le Saint-Esprit qu'il nomme sa force : « Et du souffle de sa bouche vient toute leur force [5]. » C'est donc à cet Esprit auquel il faut s'abandonner, cet Esprit qui nous est donné au lieu de notre âme [6] : celle-ci s'étant égarée, dévoyée, aveuglée, il nous est donné pour nous redresser, pour nous diriger et nous éclairer. De là vient qu'il nous faut, me semble-t-il, avoir beaucoup de confiance en ce divin Esprit et beaucoup nous abandonner à lui, afin qu'il nous dirige, en étant notre véritable directeur intérieur comme il l'était de notre Seigneur Jésus-Christ. Et il ne faut pas tant s'arrêter à soi-même comme si l'on prétendait se purifier absolument : l'Esprit de Dieu l'opérera en nous. Et plus nous serons à lui et nous nous confierons en lui, plus il nous possèdera et nous purifiera par ses soins et son amour.

---

1. « *Ductus est a Spiritu in desertum* » (Mt 4, 1).
2. Voir Lc 4, 14.
3. Lc 2, 27.
4. « *Super omnem carnem, effundam Spiritum meum* » (Jl 2, 28).
5. « *Et Spiritu oris ejus omnis virtus eorum* » (Ps 32, 6).
6. L'expression est à comprendre comme une image et non à prendre à la lettre : l'Esprit ne prend pas la place de l'âme, mais il lui est donné pour être toute sa vie.

< Stratagème du démon >.

L'autre stratagème en la voie de Dieu, le plus dangereux, est celui de l'esprit malin, lorsque Dieu commence à se communiquer à nous. Car alors le démon tâche de brouiller notre esprit et le discernement que nous avons de l'opération du Saint-Esprit et de la nôtre, en nous faisant mêler nos opérations avec celles de l'Esprit et en nous amenant ainsi insensiblement à croire que c'est nous qui faisons le bien à cause que l'Esprit de Dieu l'opère en nous. Et il ne nous laisse pas voir que, pour peu que nous opérions nous-mêmes et que nous nous y mêlions, nous troublons et gâtons l'œuvre du Saint-Esprit. Il nous laisse même cette persuasion que, si l'Esprit opère par nous, c'est pour l'amour de nous et parce qu'il se plaît en nous. Et il nous fait oublier, s'il le peut, que nous sommes un fond* insupportable de corruption, indigne de tout don et surtout de l'Esprit lui-même. « Rendons grâce pour un don ineffable. » « Nous avons ce trésor dans des vases de terre [1]. » C'est même comme un baume et une liqueur précieuse dans un fumier pourri [...] Il vient en nous en considération de Dieu et pour lui plaire, à cause que tout ce que nous faisons sans lui et par nous-mêmes est insupportable à Dieu. Bien loin de nous glorifier nous-mêmes de sa présence, il nous en faut humilier parce qu'elle témoigne de notre propre impureté.

De plus, le Saint-Esprit est en nous pour accomplir le Corps de Jésus-Christ et la beauté de son Église. Quel

---

1. *« Gratias super dono inenarrabili »* (2 Co 9, 15) ; *« Habemus thesaurum istum in vasis fictilibus »* (2 Co 4, 7).

bonheur pour nous d'être choisis par la bonté de Dieu qui opère en nous et par son divin Esprit ce qui lui plaît pour sa gloire et l'accomplissement de la gloire de l'Église de son Fils ! À cela nous ne pouvons contribuer de nous-mêmes qu'en nous opposant à lui et en apportant empêchement à ses opérations divines : celles-ci demandent un cœur libre et dégagé de tout, ce qui se trouve rarement. Que sa bonté nous le donne et que sa force l'opère en nous, s'il lui plaît, en attendant que le ciel le réforme et le consomme* en son divin amour : ainsi soit-il à tout jamais !

Où est donc notre gloire et la part que nous pouvons prendre dans les biens de Dieu, puisque tout doit être opéré par lui et tout détruit en nous, tant nous sommes misérables et dignes de mépris ? Que jamais je n'oublie l'état pitoyable de ma condition, et qu'il plaise au bon Dieu que jamais ce malheureux démon ne nous brouille et nous fasse mêler notre boue avec l'onction divine, jamais notre misère avec son trésor ; mais que, demeurant toujours convaincus de ce que nous sommes, nous glorifiions Dieu dans ses dons : à lui tout l'honneur et la gloire, et, à nous, confusion, mépris et abjection perpétuelle !

[Ms. 1, f° 141-147.]

< Prédication
à la manière de Jésus >

*Le mardi de Pâques 1642, Olier découvre inté-
rieurement ce qui fonde l'effacement spirituel que
doivent pratiquer les prédicateurs devant la Parole
vivante de Dieu qu'ils ont mission d'annoncer : ils
ne sont que les porte-voix du Verbe incarné dont
l'Esprit est seul capable de convertir les cœurs
pour la gloire du Père. Visiblement cette décou-
verte est le fruit de sa propre expérience.*

Le matin, après la messe, m'a été donnée la résolution
d'une difficulté qui me fut opposée la veille. Je disais
qu'il ne fallait chercher que la gloire de Dieu et jamais
la nôtre, à laquelle il fallait être entièrement mort. Là-
dessus on me dit que, dans certains ordres religieux, il y
avait des gens qui tenaient pour maxime qu'il fallait
avoir de la réputation pour agir utilement pour Dieu, par
exemple dans le cas des prédicateurs et autres.

À cela il m'a été répondu et montré que c'était faute
d'être persuadé entièrement que tout le fruit dépendait

de la Parole de Dieu, en croyant que, de soi-même, on pouvait y contribuer, si l'on était ainsi bien aise de l'honneur et de l'estime de sa propre personne comme si cela contribuait à l'ouvrage.

Il faut, en effet, remarquer que, quand les choses se passent de la sorte, le prédicateur, pour l'ordinaire, ne fait pas d'autre effet par son discours que de laisser l'estime de soi-même, et, quand on sort de là, on dit : Voilà un grand personnage, voilà un excellent homme ! On sort tout rempli de sa personne. Or tout ce que peut produire la personne de la créature par elle-même, c'est quelque effet malheureux comme celui-là : à savoir de remplir de soi l'esprit des gens alors qu'il ne devrait être occupé que de Dieu seul.

C'est là une des principales raisons pour lesquelles je pense qu'il faut, au contraire, tâcher de ne se faire aucun nom, de ne chercher aucune estime : que personne ne nous aime ni ne fasse cas de nous, afin que nous n'occupions point de nous-mêmes l'esprit ou le cœur des hommes qui doivent seulement être occupés de la lumière de Dieu ou de son saint amour, notre âme n'étant faite que pour lui.

Il faut, au contraire, travailler à donner l'amour et l'estime de Dieu et des choses divines, comme de sa Parole, en la reconnaissant comme la source unique du fruit qui se doit opérer, et y mettre même toute sa confiance, en se liant intimement à l'Esprit qui la produit, à savoir au Saint-Esprit. Celui-ci nous est donné afin de se servir de nous pour prononcer extérieurement sa Parole qui serait, autrement, insensible et inutile à l'ensemble de l'Église, de même que ses inspirations qui frappent le cœur mais dont tout le monde n'a pas la capacité : voilà ce qui oblige le Saint-Esprit à se servir de l'organe ordinaire de la parole pour exprimer aux hommes les secrets de son cœur et, cela, par un moyen sensible mais, de lui-même, inhabile et inutile à tout bien.

C'est donc au Saint-Esprit qu'il se faut abandonner dans la prédication, afin qu'il se serve de nous pour opérer, par notre ministère et l'organe de notre parole, ce qui lui plaît, se servant ainsi de la couverture d'une parole sensible pour porter dans le cœur des auditeurs sa Parole insensible. En ce sens, cette Parole est comme un mystère* et un sacrement qui, sous des voiles sensibles et extérieurs, opère des grâces excellentes et intérieures dans le cœur des fidèles, continuant ainsi en quelque sorte le mystère de l'Incarnation.

Là, en effet, le Saint-Esprit cache sous le verbe sensible la Parole insensible et invisible de Dieu – « le Verbe caché depuis des siècles [1] », la Parole éternelle de Dieu et les discours secrets et intimes du Père éternel que celui-ci communique à son Fils avec son essence. L'essence divine communiquée au Verbe porte, en effet, avec soi tous les décrets et les discours de Dieu, qui sont ses paroles secrètes, ses pensées cachées. Et cette même essence porte les vérités que le Verbe incarné doit publier sur la terre et toute la doctrine qu'il doit annoncer aux hommes dans le cours de sa vie.

C'est là ce qui lui faisait dire : « Ma doctrine n'est pas la mienne [2] », ma doctrine n'est pas de mon invention ; la doctrine que je prêche, je l'ai entendue toute l'éternité en mon Père. C'est lui qui me l'a annoncée, c'est lui qui

---

1. Traduction littérale de « *Verbum absconditum a saeculo* »; « La dispensation du Mystère caché en Dieu depuis les siècles » (voir Ep 3, 9).
2. « *Doctrina mea non est mea* » (Jn 7, 16).

me l'a communiquée, c'est en lui que j'ai appris tout ce que je devais dire, et ce sont ses propres pensées et ses secrets que je vous révèle : « Ma doctrine n'est pas la mienne. »

... Or c'est à quoi nous a servi le Saint-Esprit : préparer avec le Père la sensibilité [1] de son Fils et de son Verbe quand il s'est incarné, quand il l'a envoyé sur la terre nous prêcher et nous révéler, sous cette couverture sensible et sous le Verbe incarné, sa Parole insensible et cachée de tout temps : « le Verbe caché depuis des siècles [2]. » Et c'est ce qui a continué dans l'Église quand la parole extérieure et le verbe sensible des prédicateurs porte dans les cœurs la Parole insensible et secrète de Dieu. C'est la continuation de la mission du Verbe incarné : « Je vous envoie comme mon Père m'a envoyé... [3] »

C'est, dis-je, ce Verbe divin, cette Parole universelle répandue dans toute l'Église, qui parle encore aux fidèles et produit des effets très puissants en leur inspirant l'amour de son Père et en échauffant leurs cœurs : « Je suis venu apporter le feu sur la terre et qu'est-ce que je désire, sinon qu'il brûle [4] ? » Ainsi Jésus faisait-il dans le cœur des disciples d'Emmaüs [5], figures de l'Église militante qui est pèlerine et voyageuse sur la terre.

C'est justement par cet effet que l'on remarque si un prédicateur est animé du Saint-Esprit : s'il s'abandonne

---

1. Le fait que le Fils soit rendu perceptible aux hommes.

2. Voir p. 32, n. 1.

3. *« Sicut misit me vivens Pater, et ego mitto vos »* (voir Jn 20, 21).

4. *« Ignem veni mittere in terram et quid volo nisi ut ardeat ? »* (Lc 12, 49).

5. « Notre cœur ne brûlait-il pas en nous tandis qu'il nous parlait en chemin ? » (voir Lc 24, 32).

à sa vertu* pour parler, ou bien s'il se fie en soi-même.
Car, s'il se fie en soi, tout au plus opérera-t-il l'estime
pour son éloquence, pour son esprit ou autre chose semblable. À moins que Dieu, par dessein particulier et
comme par miracle, ne fasse des effets de sainteté par
sa propre vertu en considération des âmes fidèles des
auditeurs...

Au contraire, celui qui a bien renoncé à soi et à l'estime
des hommes renonce à la fausse croyance que l'orgueil
et l'amour-propre nous fournissent, à savoir que nous
pourrions quelque chose par nous-mêmes pour le salut
des âmes. Si donc il s'abandonne plutôt au Saint-Esprit
et se confie en sa force et son efficacité – comme saint
Pierre le remarque de notre Seigneur «plein d'Esprit
et de puissance [1]», et comme le dit de lui-même saint
Paul: «Je n'ai pas été parmi vous avec force discours
mais dans la manifestation de l'Esprit et de sa puissance,
dans la force de Dieu, avec la doctrine de l'esprit [2]»,
alors on remarque des effets de l'Esprit de Dieu dans
sa parole: «Vous avez accueilli la Parole non comme
une parole humaine, mais pour ce qu'elle est réellement:
la Parole de Dieu [3].» Alors on remarque en lui des
effets dignes de la Parole même de Jésus-Christ: «Voulez-vous avoir l'expérience de celui qui parle en moi:
le Christ [4]?»

[Ms. 1, f° 273-278.]

1. «*Plenus Spiritu et virtute*» (voir Ac 10, 38).
2. «*Non in multo sermone fui apud vos sed in virtute, sed in ostensione
Spiritus et virtutis, in virtute Dei, in doctrina Spiritus*» (voir 1 Co 2, 45
librement paraphrasé).
3. «*Accepistis Verbum, non sicut verbum hominum sed, sicut vere est, Verbum Dei*» (voir 1 Th 2, 13).
4. «*Experimentum vultis ejus qui in me loquitur: Christus?*» (2 Co 13, 3).

< *Combat spirituel* >

Dans le combat spirituel quotidien – Olier le note dans son journal au cours de la semaine pascale 1642 –, le chrétien est appelé à s'abandonner à l'attirance intérieure de l'Esprit du Christ-Chef.

Il en est de l'esprit du chrétien comme d'une pierre qui est suspendue en l'air par une corde et qui est attirée en bas par la pesanteur : elle demeure en suspens et comme agitée par deux mouvements différents, elle est attirée par deux forces contraires. Car la foi et le Saint-Esprit nous attirent en haut, et, au contraire, la chair et le monde nous attirent en bas. « Le désir de l'Esprit s'oppose à la chair, celui de la chair à l'Esprit [1] » : l'esprit combat contre la chair et attire de son côté notre âme, et, au

---

1. « *Spiritus concupiscit adversus carnem, caro adversus Spiritum* » (voir Ga 5, 17).

contraire, la chair attire l'âme du sien. Lorsque l'âme consent à l'Esprit et à ses mouvements, elle est attirée vers le haut ; alors elle est nommée « esprit », à cause que l'âme ne devient qu'un avec le Saint-Esprit : « Celui qui s'unit à Dieu est un seul Esprit avec lui [1]. » Et quand l'âme adhère* à la chair et à ses attraits, elle devient « chair », absorbée et abîmée en sa nature et ses inclinations.

Si bien que ce que je crois utile dans la vie intérieure, c'est de se donner beaucoup au Saint-Esprit qui est en nous, de s'unir et abandonner souvent à lui au commencement de nos œuvres ou dans nos tentations, bref en tout : il est, en effet, en nous pour nous conduire et pour nous faire vivre en vrais chrétiens, pour nous faire vivre selon notre Seigneur, en nous donnant selon les circonstances les mêmes mouvements et dispositions que lui, puisqu'il est l'Esprit des membres comme du Chef, <lui> qui est dans les membres pour les faire vivre comme leur Chef ; bref, pour les faire penser, parler, agir comme le faisait notre Seigneur, en ne faisant de nous qu'une continuation de la vie de Jésus-Christ et en épanchant en nous ce qu'il avait autrefois répandu dans l'âme de celui-ci, en se dilatant ainsi en divers sujets et en y répandant le même baume et la même onction qu'il a répandus dans notre Chef.

[Ms. 1, f° 301-302.]

---

1. « *Qui adhaeret Deo unus est Spiritus cum eo* » (voir 1 Co 6, 17).

< Contemplation de l'intérieur de Jésus >

Le 29 avril 1642, Olier s'émerveille en contemplant la parfaite louange au Père que Jésus ne cesse de rendre en son «cœur», ou, comme il le dit plus volontiers, en son «intérieur*». Cette page reflète bien le théocentrisme qui caractérise sa spiritualité.

Ô Jésus, souffrez que je vous adore encore en votre intérieur, avant de passer outre. Souffrez que j'adore votre âme bénie et adorable, que j'adore votre cœur, que j'ai vu [1] encore ce matin et que je voudrais bien pouvoir décrire : mais je ne le puis, tant il est beau. Oh ! adorable intérieur ! J'ai vu cela comme un paradis où toute louange, tout amour, tout respect se rendent à Dieu. J'ai

---

1. S'agit-il d'une «vision» proprement dite ? Plus probablement de la contemplation intérieure d'Olier, avec la part d'imagination visuelle dont elle s'accompagne souvent chez lui.

vu cela comme un ciel et un paradis tout remplis de louange, d'amour, de connaissance et lumière de Dieu. «Les louanges de Dieu sont dans leurs bouches [1].» Tout ce vaste intérieur est rempli d'«exaltations» de Dieu. Et ces «exaltations» signifient les louanges qui exaltent Dieu, qui magnifient Dieu, qui expriment ses grandeurs, ses magnificences. Je voyais ces louanges comme de beaux nuages de lumière et de feu dans cet intérieur tout lumineux et enflammé, tels ces cieux qu'on représente pour figurer le paradis. Je ne puis dire autre chose, sinon qu'il me paraissait comme un paradis et comme le lieu qui comprend en soi seul toutes les louanges et les élévations qui se rendent à Dieu dans tout le paradis.

[Ms. 1, f° 318-319.]

---

1. *« Exaltationes Dei in faucibus eorum »* (Ps 149, 6).

< Sacrements vivants
de Jésus-Christ >

Depuis quelque temps Olier bénéficie d'une profonde union intérieure avec Jésus-Christ qui fait « tout en lui ». Cette expérience personnelle lui fait découvrir la dimension sacramentelle du mystère de l'Église. Comme il l'exprime dans son journal le 25 juin 1642, tous et chacun des baptisés sont autant de « sacrements vivants de Jésus-Christ » chargés de le « porter » à tous les hommes. Une perspective qui préfigure l'enseignement du concile Vatican II sur l'Église « sacrement universel du salut ».

Maintenant, Seigneur, il faut que ce soit vous tout seul qui agissiez en moi et que vous ne souffriez plus que je me mêle en rien à votre ouvrage. Comme disait saint Pierre : « Si quelqu'un parle, que ce soit pour dire les paroles de Dieu ; si quelqu'un agit pour le prochain, que ce ne soit pas avec sa force propre, mais avec celle de

Dieu à l'œuvre en sa personne et par son ministère, afin qu'en toutes choses Dieu soit honoré par notre Seigneur [1] ».

Mais que veut dire « par notre Seigneur » ? Ceci : tout ce qu'il y a d'honneur à rendre à Dieu en nos œuvres doit venir d'un autre principe que nous-mêmes, puisque étant chair par notre propre condition, nous ne pouvons rien faire qui puisse plaire à Dieu ; la chair est, en effet, par elle-même tout entière corruption, elle est en elle-même toute corrompue et, par conséquent, elle ne peut rien faire qui puisse être agréable à Dieu et puisse l'honorer. Voilà pourquoi il nous faut agir par un autre principe que nous-mêmes, à savoir notre Seigneur qui est répandu en nous par le baptême afin d'agir en tous pour la gloire de Dieu.

Et voici ce que je viens même d'apprendre à l'oraison. Notre Seigneur s'est mis au très saint sacrement de l'autel pour continuer sa mission jusqu'à la fin du monde en allant par ce moyen dans tous les lieux de l'univers pour y prêcher la gloire de son Père, et tous les hommes apostoliques et tous les apôtres sont ainsi porteurs de Jésus-Christ ; ils portent partout notre Seigneur, ils sont comme des sacrements qui le portent afin que, en eux et par eux, il publie lui-même la gloire de son Père.

Voilà une admirable invention de l'Amour : tandis qu'autrefois Jésus n'était présent qu'en un seul lieu, alors qu'il vivait dans notre chair pour glorifier Dieu, il y est maintenant en cent mille ; tandis qu'il ne pouvait

---

1. « *Si quis loquitur, tanquam sermones Dei ; si quis administrat, tanquam ex virtute quam administrat Deus ; ut in omnibus honorificetur Deus per Jesum Christum* » (1 P 4, 11).

alors prêcher qu'à un seul peuple à la fois, maintenant qu'il habite dans le cœur de ses prédicateurs il prêche dans le monde entier en même temps. Et comme lui seul peut fournir des pensées à mille bouches à cause de l'étendue de sa science et de sa capacité, il fournit des paroles à cent mille à la fois pour faire honorer Dieu. Que celui qui parle le fasse donc pour dire les paroles de Dieu, ce Dieu qui nous parle lui-même en Jésus-Christ « il nous a parlé en son Fils » comme dit saint Paul [1].

Notre Seigneur ne parle que par l'Esprit de Dieu, et cet Esprit de Dieu en notre Seigneur s'appelle Esprit de Jésus-Christ. De la sorte, en proclamant les paroles qui sont celles de Dieu à l'origine, nous tenons les discours de notre Seigneur qui parle lui-même en nous par l'Esprit de son Père, cet Esprit qui seul est capable d'honorer Dieu son Père.

Aussi notre Seigneur, voyant cette impureté de la chair qui ne saurait en aucune manière honorer Dieu, vient en tous les hommes premièrement par le baptême : « Vous tous qui avez été baptisés, vous avez revêtu le Christ [2]. » Il vient en nous par son Esprit, il répand son Esprit au milieu de notre chair pour être lui-même le principe de toute l'œuvre de l'homme et ainsi honorer Dieu en lui par son Esprit. Or, cet Esprit de notre Seigneur en venant dans l'homme y répand les vertus, les inclinations et les sentiments de notre Seigneur, il nous peint pour ainsi dire des mêmes traits que notre Seigneur. Il nous communique les mêmes grâces, les mêmes dons qu'à lui, et c'est ainsi que nous sommes revêtus de notre Seigneur : « Vous tous qui avez été baptisés, vous avez revêtu le Christ. »

---

1. « *Locutus est in Filio* » (He 1, 2).
2. « *Quotquot baptizati estis, Christum induistis* » (Ga 3, 27).

Mais, comme notre Seigneur n'est peint en nous que comme une première esquisse par le baptême, ne nous y donnant de vie que comme à un petit enfant et n'y venant vivre en nous que dans l'état de son infirmité – il nous donne, autrement dit, son Esprit pour agir encore faiblement et pour représenter en nous la vie d'infirmité qu'il a menée jusqu'à la mort –, par la confirmation il nous donne un esprit plus fort, il nous donne par son Esprit une vie parfaite, une vie forte et vigoureuse, une vie de force pour représenter en nous sa vie de Résurrection et sa vie après l'Ascension. Voilà pourquoi il nous envoie l'Esprit et nous confirme après être monté aux cieux.

Enfin, après nous avoir ainsi préparés par ces deux sacrements qui nous donnent son Esprit, notre Seigneur vient lui-même en nous, non plus seulement pour nous donner son Esprit mais pour nous convertir et nous changer totalement en lui. Il ne vient pas seulement pour agir en nous par son Esprit, mais pour agir en nous pour Dieu et pour y agir lui-même, en sa propre personne, pour la gloire de Dieu. Et, en se multipliant ainsi en tous par la sainte communion, il veut agir en tous pour la gloire de Dieu ; de la sorte « si quelqu'un agit pour le prochain, que ce ne soit pas avec sa force propre, mais avec celle de Dieu à l'œuvre en sa personne et par son ministère, afin qu'en toutes choses Dieu soit honoré par notre Seigneur [1] ».

Voilà comment notre Seigneur est celui qui réalise tout le bien de l'Église, en vivant en tous pour l'honneur de son Père et en se servant de tous les fidèles comme de sacrements sous lesquels il habite et agit diversement pour la gloire de Dieu. Il prêche dans le monde entier en

---

1. Voir p. 40, n. 1.

saint Paul, qui dit lui-même : « Je ne vis plus, c'est Jésus-Christ qui vit en moi [1] » et, ailleurs : « Voulez-vous avoir expérience de celui qui parle par ma bouche, à savoir Jésus-Christ [2] ? » C'est notre Seigneur qui gouverne l'Église en saint Pierre. C'est lui qui prend soin de sa mère en saint Jean, après sa mort. C'est lui encore qui, avant même sa naissance, se préparait un précurseur et lui donnait de son Esprit et de son zèle, les mêmes qu'il avait déjà répandus en Élie qui doit être le précurseur de son dernier avènement...

Et voilà ce qu'il y a d'admirable dans la sagesse de Dieu : comme, dans les sacrements, il y a un rapport entre l'extérieur et l'intérieur, entre le sensible et l'insensible, entre le corporel et le spirituel (ainsi, par exemple, entre l'eau du baptême et la grâce qui lave, entre l'huile dont on oint le corps à la confirmation et l'Esprit qui répand son onction dans l'âme, entre les accidents du pain qui nourrit le corps et les grâces du vrai corps de notre Seigneur qui nourrit notre esprit), de même notre Seigneur se sert-il des hommes dont la condition et la conduite ont du rapport à la grâce qu'ils doivent communiquer.

Je l'ai déjà dit ailleurs du grand saint Pierre, vrai pasteur de l'Église qui doit lui donner la nourriture et lui servir de guide en cette vie pour le ciel en lui donnant l'amour de la croix, qui est absolument nécessaire au salut – je parle surtout de la croix intérieure, qui doit absolument mortifier la chair dans l'homme s'il veut être sauvé, comme dit saint Paul : « Si par l'Esprit vous ne mortifiez pas les œuvres de la chair, vous mourrez [3]. »

1. Ga 2, 20.
2. Voir p. 34, n. 4.
3. *« Nisi Spiritu facta carnis mortificaveritis moriemini »* (Rm 8, 13).

Parce que saint Pierre avait à prêcher la croix et à en donner l'amour aux âmes, voilà pourquoi il a été crucifié et a beaucoup souffert pendant sa vie...

Ainsi en va-t-il du grand saint Jean qui avait à verser la lumière et l'amour dans les âmes et qui devait prendre soin de cette divine créature, de cette âme ressuscitée, la Vierge Marie. Il est tout dans l'amour et la lumière, tout dans la nouvelle vie, il ne sait pas ce que c'est que de souffrir...

En somme, tous les saints ne sont rien que des sacrements vivants de Jésus-Christ, et le même Esprit de Jésus réalise par eux diverses choses, diverses grâces, divers sentiments et diverses lumières, mais chacun pourtant de manière assortie à sa vocation. Ainsi cet Esprit, différent et multiplié dans ses effets, n'est-il rien qu'un même et unique Esprit en son principe. Et tout comme l'unique corps du Fils de Dieu, multiplié en toutes les hosties, n'est rien qu'un même corps sous diverses apparences et figures (le même corps se trouve sous les espèces du vin et sous les accidents du pain qui toutefois sont différents quant aux apparences), de même notre Seigneur se cache-t-il sous saint Pierre et saint Jean ; et pourtant c'est bien le même qui signifie diverses choses sous diverses figures pour la raison qu'il ne peut être représenté totalement en son intérieur par une seule image.

Ainsi toute l'Église n'est-elle qu'un Christ, toute l'Église n'est que le Christ partout, exprimé toutefois diversement par diverses personnes qui, toutes, représentent quelque chose de lui. Et trop heureuse la créature qui représente la moindre parcelle de sa grandeur et de sa perfection, cachée ainsi sous celui que lui-même destine à la représenter ! Ainsi David avait-il raison de

dire que toute la beauté de l'Église était en son intérieur [1], puisque son intérieur est Jésus-Christ, qui est la
beauté même; mais une beauté si admirable, si ravis-
sante, si féconde et si diverse qu'il faut justement toute
une Église, c'est-à-dire cent mille et cent mille millions
de créatures qui la figurent. Et encore est-ce seulement
à demi, car tout ce que l'Église représente de notre
Seigneur auprès de ce qu'il est en lui-même, c'est
comme qui compare la lune avec le soleil : « L'Église est
illuminée par eux comme la lune par le soleil [2]. »

L'Église en sa beauté demeure pleine de nuages et de
rides, le Fils de Dieu seul est un miroir sans tache : la
lune n'a aucune lumière en elle-même qui ne soit
empruntée ; l'Église n'a aucune clarté que celle qu'elle
emprunte au soleil. Bref, la lune n'est rien par elle-
même, elle n'est rien que dans le soleil, l'Église n'est
rien par elle-même, elle n'est rien et ne peut rien qu'en
Jésus-Christ notre Seigneur...

[Ms. 2, f° 314-320.]

---

1. « Toute sa beauté est à l'intérieur » (voir Ps 44, 16).
2. *« Cujus lumine fulget Ecclesia ut sole luna. »* Olier accommode l'expression utilisée par la liturgie au commun des apôtres (huitième répons
des matines) : *« Quorum doctrina fulget Ecclesia ut sole luna »* (l'Église est
illuminée par leur [les apôtres] doctrine comme la lune par le soleil).

< *Communion à la vie trinitaire* >

À la mi-juillet 1642, Olier note comment le partage éternel de la vie trinitaire, mystère d'unité dans la distinction, est inauguré dès à présent dans l'existence des chrétiens par la communion eucharistique. Visiblement, il parle d'expérience.

Il plut à la bonté de Dieu de me montrer que la plus grande difficulté du mystère de la très sainte Trinité était de concevoir l'unité de l'essence et la trinité des Personnes – comment est-il possible que les trois Personnes soient identifiées dans l'essence de Dieu, qu'elles soient une même chose en Dieu et toutefois demeurent toujours distinctes en elles-mêmes ? – et qu'ainsi la grande difficulté dans le christianisme était de concevoir comment dans les cieux nous serons consommés en Jésus-Christ et ne serons qu'une chose en lui et, toutefois, nous demeurerons distincts entre nous. Car, « de même que je suis dans le Père et que le Père est en moi, de même je suis en vous [1] ». En ce jour-là nous le concevrons [2]. Le Fils de Dieu nous remet à ce jour de l'éternité pour le comprendre.

Cette grâce pourtant commence dès cette vie dans les âmes de ceux qui communient. Car notre Seigneur pénètre par lui-même toute l'âme, et comme le mot de « communion » le comporte, qui dit une union commune de l'âme avec Jésus-Christ et de Jésus-Christ avec l'âme, c'est au point que toute l'âme est possédée par Jésus-Christ, toute l'âme est transformée en Jésus-Christ un peu comme le fer et le charbon à brûler sont transformés dans le feu lorsqu'on les y plonge. Or, notre Seigneur, en la sainte communion, y est comme un feu ardent et un feu tout-puissant parce que c'est la puissance et la force du feu divin qui remplissent et pénètrent Jésus et, de lui, se répandent dans les âmes où il descend... Car tout bien vient de Dieu même en Jésus-Christ, vu que son âme, qui est de même condition que la nôtre, n'opère rien qu'en la force de Dieu habitant en lui, et, de lui, cette force se répand dans les âmes qui sont ainsi consommées déjà en Dieu par la présence de Jésus-Christ en elles.

[Ms. 3, f° 53.]

---

1. « *Sicut ego in Patre et Pater in me, et ego in vobis* » (voir Jn, 17, 21).
2. « *In illa die intelligetis* » (Jr 23, 20 ; voir « plus tard vous comprendrez », Jr 30, 24).

< *Présentation de Marie au Temple* >

Le 21 novembre 1646, fête de la Présentation de Marie au Temple, J.-J. Olier note les senti- ments que lui inspire sa contemplation de l'« état intérieur » de la sainte Vierge, tellement absorbée en Dieu qu'elle est sans aucun retour sur elle- même.

À la gloire de Dieu, ce saint jour de la Présentation j'ai reçu lumière sur le dessein de Dieu dans la venue et la demeure de la très sainte Vierge dans le Temple. Et il a plu à notre bon Dieu de me faire voir quelque petite chose de son état intérieur.

Il me semblait voir cette sainte âme comme ensevelie dans la lumière divine et revêtue entièrement de Dieu : les puissances naturelles de son âme étaient comme mortes et elle n'avait plus l'usage naturel de son esprit, de sorte qu'elle ne pouvait ouvrir les yeux de son âme tant la lumière du Soleil divin l'enveloppait. Guidée en tout et partout par cette clarté, elle n'avait que faire d'ouvrir les yeux de son esprit. Ses puissances étaient remplies et pénétrées de Dieu de telle sorte qu'ainsi revêtue totalement elle n'avait que faire d'autre chose, elle n'avait que faire d'elle-même. Elle n'avait que faire d'user de son esprit propre, elle ne laissait aucune entrée ni ouverture à la sagesse humaine et à la curiosité parce qu'elle n'avait en soi rien d'autre que la lumière divine pour son tout.

Voilà pourquoi Dieu lui permettait de marcher seule, dès l'âge de trois ans, sans s'appuyer sur sa mère : afin de montrer que son Esprit la dirigeait seul, sans l'appui de la créature. Et pourtant elle était accompagnée par sa mère parce que l'on doit toujours, pour possédé que l'on soit de l'Esprit, vivre sous la conduite et la direction extérieure des créatures : elles sont les sacrements de Dieu et les approbateurs de ses voies, et à travers ces personnes nous pouvons trouver en lui notre assurance.

J'ai reçu commandement de rendre tous les jours quelques devoirs à ce divin mystère en honorant particulièrement les dispositions intérieures que l'Esprit Saint de Dieu opérait en Marie lorsqu'il la conduisit au Temple. Et, après avoir demandé part à cet intérieur et à ces dispositions, qui m'ont paru convenir à la profession de prêtres, j'ai reçu l'obligation de vivre aveugle à la raison humaine, en gardant toujours fermés les yeux de l'esprit propre pour contempler les œuvres de Dieu, mais en les tenant ouverts au contraire uniquement à la sagesse et à la lumière divines qui les enveloppent...

[Ms. 8, f° 135-136.]

< Pour la gloire de Dieu seul >

Rendre gloire à Dieu, tel est l'unique but de tout son ministère, prière et formation des prêtres : Olier en reçoit confirmation et le consigne dans son journal à l'occasion de la bénédiction de la chapelle du séminaire, le 23 juin 1646.

Le 23, jour où il plut à Dieu de nous faire bénir la chapelle du séminaire, sous le titre et la protection de saint Jean l'évangéliste, et d'y célébrer la sainte messe en l'honneur du très saint sacrement, comme je me retirais intérieurement en notre Seigneur pour être revêtu de ses sentiments et dispositions divines en ce saint sacrifice, je me suis trouvé tout à coup rempli de l'opération de l'Esprit de Jésus-Christ en moi. Y répandant la lumière, et sa substance élevant mon esprit à Dieu tout purement, il me faisait entendre que ce saint sacrifice se devait offrir à Dieu en Jésus-Christ seulement pour sa gloire. Il me faisait comprendre que cette œuvre, cette chapelle et ce séminaire ne devaient être en vue que de Dieu tout seul, que c'est seulement l'honneur et la gloire de Dieu que l'on devait y avoir devant les yeux comme but et fin unique, en comprenant dans cette vue de pur amour et dans cette lumière divine tout ce que la sagesse de Dieu en lui-même comprend de pur motif et de saintes intentions [...]

Dieu est lui-même sa propre fin dans l'infinité de son être et de ses perfections, et sa sagesse le regarde en autant de voies et de moyens [...] dont il peut se faire honorer. Il faut aller à l'Esprit d'amour, qui est aussi sagesse et qui veut honorer la majesté de Dieu en autant de manières qu'il le peut être en son Église, et c'est dans l'adhérence à cet Esprit qu'il faut entrer pour glorifier Dieu comme il le doit être...

[Ms. 8, f° 83-84.]

< Communion à la libéralité divine >

Dans une courte prière, consignée dans son journal le 3 juillet 1646, Olier, à qui la mesquinerie des hommes est insupportable, demande à Dieu la grâce d'imiter la prodigalité de son amour.

Hélas ! mon Dieu, souffrez que je vous le dise : il n'y a pas moyen de vivre parmi les hommes après avoir goûté votre simplicité, votre fidélité, votre nudité, votre sainteté, votre pureté, votre amour et votre bonté : ô mon Dieu, que les hommes, en effet, sont infidèles, qu'ils sont intéressés, qu'ils sont attachés à eux-mêmes et bien loin de lâcher leurs intérêts et de donner leur substance, comme vous, ô mon Dieu, qui prodiguez ce que vous êtes et nous donnez plus que nous ne voulons ! Hélas ! Seigneur, même les plus désintéressés en apparence accaparent avec excès le bien d'autrui, voire usurpent avec violence ou effort de prudence et de raison humaine ce qui ne leur appartient pas.

Faites-nous, ô grand Tout, participants de cette bonté immense qui est en vous, qui fait dire à l'Apôtre : « Il y a plus de bonheur à donner qu'à recevoir [1] ! » Un cœur rempli de vous et de votre bonté est toujours débordant en abondance de libéralité et disposé aux dons et aux faveurs à faire aux autres.

[Ms. 8, f° 94-95.]

---

1. *« Beatius est dare quam accipere ! »* (voir Ac 20, 35).

< *Communion à la patience*
du Christ >

*Alors qu'il se décourage devant les défauts
d'une âme qui lui est confiée, en priant l'office
Olier découvre en Jésus, formateur de son Église,
le modèle et la source de la patience apostolique
à laquelle il est lui-même appelé. Il le note dans
son journal dans les premiers jours de septembre
1646.*

Un peu auparavant [...] en récitant le saint office, alors
que j'étais anéanti* intérieurement en la vertu divine et
que je m'affligeais de voir une âme que Dieu m'avait
donnée pour la perfectionner en lui, mais qui avait en soi
beaucoup de défauts, avec d'ailleurs beaucoup de grâces
aussi, la bonté divine m'a fait voir qu'il me fallait éprouver à son égard les mêmes difficultés que notre Seigneur
acceptait pour former son Église. Et je voyais en esprit
cette personne à mes côtés comme la sainte épouse de
Jésus-Christ que je devais garder auprès de moi et avec

qui je devais marcher dans le monde comme un compagnon fidèle, dont je ne devais donc pas me séparer à cause de ses défauts et imperfections, même s'ils étaient grands.

Et la bonté de notre Seigneur me donnait une comparaison à propos de cette âme, qui était appelée à une grande perfection malgré ses défauts. Il en est d'elle comme d'une statue de bronze que l'on coule dans un moule parfait : quand elle en est retirée, elle est recouverte de beaucoup de choses encore grossières, rudes, impures, imparfaites et très désagréables, auxquelles il faut apporter le ciseau ; et, après beaucoup de coups fâcheux et pénibles, il faut encore y apporter le soin de la polir et de la finir dans ses derniers traits et contours. Ainsi fallait-il faire avec cette âme : il fallait encore lui donner plusieurs coups très rudes, très fâcheux et sensibles, après quoi on y apporterait un adoucissement et un achèvement pour sa perfection dernière...

[Ms. 8, f° 112-113.]

< Anéantissement, séparation, oraison >

S'oublier soi-même pour y faire toute la place
à Jésus-Christ, se détacher de toutes les autres
créatures pour mieux y reconnaître le visage du
Christ, prier sans cesse pour être toujours en com-
munion avec Dieu : tel est en résumé, selon Olier,
le chemin de la perfection chrétienne.

À la gloire de Dieu, ce mercredi 12 septembre <1646>, en l'octave de la Nativité de notre Dame, j'ai appris ces trois mots pour mon instruction, qui m'enseignent la voie de la perfection chrétienne : anéantissement, séparation et oraison ; anéantissement à l'égard de soi, séparation des créatures, oraison pour Dieu.

L'anéantissement, c'est-à-dire la destruction des désirs propres et de toute la vieille créature et de toute propriété en nous, comme sont l'esprit propre, la volonté propre, et tout ce qui ne vient point de Jésus-Christ ; et, cela, afin d'établir en soi, à la place, et de former Jésus-Christ qui n'y descend que par le vide de nous-mêmes : de même que l'on fait descendre le feu en l'attirant par l'absence de l'air, ainsi fait-on descendre Jésus-Christ en soi en l'absence du vieil homme que l'on a retiré.

L'éloignement et la séparation des créatures, dans lesquelles on ne s'épanche pas et dont on ne se remplit pas, permettent à la foi de nous faire voir en elles le Fils de Dieu : au lieu de s'épancher sur le prochain, on se coule en Jésus-Christ ; on n'aime point la chair ni l'extérieur de la créature grossière, on n'a point d'épanchement, d'attrait, d'approche ni d'attachement à son égard, mais on voit en elle Jésus-Christ et l'on se trouve un avec lui et en lui-même.

L'oraison attire Dieu en nous, nous fait un avec lui, nous tient en société avec lui et nous remplit de lui. L'oraison nous tient en sa présence perpétuelle, nous fait contempler cet objet unique et plein d'amour, et elle nous transforme en lui en nous faisant communier à sa qualité divine.

[Ms. 8, f° 116.]

< VŒUX >

L'itinéraire spirituel d'Olier a été jalonné par différents « vœux » : dès son ordination au diaconat le 26 mars 1633, vœu de servitude* filiale à Marie ; vœu de servitude à notre Seigneur le 11 janvier 1642, suivi, au jour anniversaire, le 11 janvier 1643, par le vœu de servitude aux âmes ; vœu d'hostie* qu'il prononce seul le 31 mars 1643 et renouvelle avec deux compagnons en février 1645 à Montmartre ; enfin oblation à la Vierge Marie le 15 septembre 1651.

Sur le sens de cette pratique, héritée de Bérulle par l'intermédiaire de Condren, lui-même s'est exprimé dans un recueil de notes dont une copie est conservée aux Archives de Saint-Sulpice à Montréal (ms. 109). On en lira ici trois extraits qui permettent de mieux connaître quelques-unes des étapes importantes du cheminement intérieur d'Olier.

Le premier semble bien se rapporter au vœu de servitude aux âmes de 1643 dont Olier précise la signification et les exigences. Le deuxième fait écho, de la même manière, au sens de la démarche de 1645 à Montmartre. Le troisième nous livre enfin l'expression même de l'oblation mariale de 1651.

De l'esprit de servitude à l'Église, temple de Dieu et corps de Jésus-Christ.

Pour aisément comprendre la justice et l'obligation de ce vœu en tous ses motifs, il faut que le serviteur qui le fait conçoive Dieu vivant par son Fils en tous les membres de l'Église.

L'esprit de servitude à Jésus-Christ et à son Église inclut avec soi le vœu d'obéissance au moindre des sujets de l'Église, auquel on est obligé d'obéir comme à son supérieur, en regardant Dieu en lui : «Chacun estimant les autres au-dessus de lui [1]. »

Le vœu de servitude inclut encore celui de pauvreté, en sorte que l'on n'ait rien à soi, mais que chacun ait droit de nous prendre ce qu'il voudra sans qu'on puisse y trouver à redire. Car le serviteur n'a rien à soi : tout ce qu'il acquiert, il l'acquiert au Seigneur [2], si bien que le Seigneur est maître de tout le bien du serviteur : « Au Seigneur la terre et tout ce qui la remplit [3]. »

Le vœu de servitude comprend encore celui de petitesse et d'humilité, en sorte que l'on se tienne et se regarde comme le plus bas, le plus vil et le plus petit de l'Église, demeurant toujours en esprit aux pieds de tout le monde, comme le serviteur est obligé de le faire à l'égard de son maître. Ainsi chaque sujet particulier de l'Église est censé notre maître, en tant que membre de l'Église à laquelle nous avons fait vœu de servitude.

---

1. « *Superiores invicem arbitrantes* » (Ph 2, 3).
2. Serviteur est pris au sens d'esclave *(servus)* et Seigneur au sens de propriétaire de l'esclave *(dominus)* (voir 2 Co 4, 5).
3. « *Domini est terra et plenitudo ejus* » (Ps 23, 1).

Le vœu de servitude inclut encore celui de souffrance, en sorte qu'on accepte toutes sortes de mépris, d'affliction, d'opprobre et de peine pour le service de l'Église : le serviteur est obligé de souffrir toutes choses pour les intérêts de son maître. Il n'y a ni chaud ni froid, ni faim ni soif, ni travail ni mépris, ni contradiction qu'il ne doive endurer en poursuivant les intérêts de son maître. Il n'y a aucune sorte de maux par lesquels il ne soit obligé de passer pour le service du maître. Il n'y a rien qu'il [ne] doive refuser de faire et souffrir pour lui. Il n'y a aussi aucune sorte de mauvais traitement ou d'injure qu'il [ne] doive refuser de souffrir de la part de son maître avec soumission et dans la paix, tâchant en toute humilité de regagner son cœur, lui demandant pardon, se jetant à ses pieds, et travaillant, par toutes sortes de prévenances, de plaisirs et services, à se réconcilier auprès de lui, témoignant grande affliction de lui avoir donné sujet de se fâcher. Il doit le servir dans ses infirmités spirituelles et corporelles, en supportant avec plaisir ses mauvaises humeurs, ses chagrins et ses colères. S'il arrive que le prochain nous serve (ce qui doit être le plus rarement possible, sauf nécessité), il faut recevoir ses services comme de la part de notre maître, et, cela, avec grande peine et confusion.

Le vœu de servitude contient encore l'obligation au zèle parfait pour la gloire de l'Église, soit intérieure, soit aussi extérieure : le serviteur la doit procurer par toutes les voies possibles et il ne doit rien épargner pour cela. Il n'y a bien, honneur, plaisir qu'il ne doive sacrifier pour cela, en sorte même que, s'il est besoin de donner son sang et sa vie, il le fasse à la manière de notre Seigneur « qui a aimé l'Église et s'est livré pour la faire paraître devant lui en épouse glorieuse, sans tache, ni ride, ni rien de tel, en sorte qu'elle soit sainte et immaculée [1] ».

De ce vœu de servitude naît celui de victime de Dieu [2].

J.M.J. [3]

Ceux qui se trouvent appelés ici [4] dans l'unité d'esprit au service de Dieu et de sa sainte Église pour lui former des prêtres qui servent dignement sa grandeur, qui honorent son Fils Jésus-Christ notre Seigneur au très saint sacrement de l'autel et qui aiment ses membres, doivent s'unir en l'honneur de la société divine des trois Personnes, inséparables par l'unité de leur essence et de leur saint amour, et promettre de ne se point quitter sinon par consentement mutuel et avec agrément les uns des autres, si quelqu'un était appelé à servir Dieu ailleurs.

Ils doivent se vouer et consacrer à Dieu comme des hosties vivantes, en l'honneur de la très sainte Trinité, à la gloire de Jésus-Christ et à l'utilité de son Église, formée en Jésus-Christ à l'honneur de la société divine.

Ils doivent tous n'être qu'un en Jésus-Christ, comme les trois Personnes ne sont qu'un en Dieu et comme trois hosties sur nos autels ne sont qu'un en Jésus-Christ caché sous leurs espèces. «Comme je ne suis qu'un avec mon Père par l'unité de son essence qui est une en nous, de

---

1. *« Qui dilexit Ecclesiam et qui tradidit seipsum ut exhiberet sibi sponsam gloriosam, Ecclesiam non habentem maculam aut rugam, aut aliquid ejusmodi, ut sit sancta et immaculata »* (voir Ep 5, 25-27).
2. Le vœu d'hostie.
3. «Jésus, Marie, Joseph».
4. Au séminaire de Saint-Sulpice.

même je ne suis qu'un en tous vous autres [1]. » « De même que Dieu est un en trois Personnes, ainsi je ne suis qu'un en vous ; et comme les trois Personnes se trouvent identifiées dans l'unité de l'essence divine, de même je veux que tous, autant que vous êtes, vous soyez identifiés et consommés en moi et que vous soyez tous un au fond de vous intérieurement [2]. » « Et non seulement les chrétiens sont tous un en moi et consommés en moi, mais enfin ils sont tous un en vous parce qu'ils sont tous consommés avec moi en vous. »

Ils doivent désirer n'être qu'un d'esprit et de volonté en notre Seigneur qui sera, à tous, leur lumière, leur mouvement et leur tout : « Que le Christ soit tout en tous [3] », selon saint Paul, et selon notre Seigneur, qui veut que tous ses disciples ne soient qu'un en lui de même que son Père et lui ne sont qu'un, n'ayant qu'une même lumière et une même volonté : « De même que je suis en mon Père et que mon Père est en moi par l'unité de l'essence qui nous est commune à tous les deux, de même vous serez l'un en l'autre par moi qui serai le même en vous, qui vous consommerai tous en un [4]. »

Et, de même que trois hosties [5] consacrées sur nos autels, quoique distinctes en leurs espèces, ne sont pourtant qu'une même chose au-dedans d'elles-mêmes, parce que leur substance est consommée par Jésus-Christ qui

---

1. « *Sicut ego in Patre et Pater in me, et ego in vobis* » (voir Jn 17, 21).
2. « *Ut sint unum, sicut et nos unum sumus, ego in eis et tu in me, ut sint consummati in unum* » (voir Jn 17, 22-23).
3. « *Omnia in omnibus Christus* » (voir 1 Co 15, 28).
4. Voir ci-dessus n. 1.
5. Ces trois hosties représentent Olier et ses deux compagnons qui se vouent à l'œuvre du séminaire.

est le même en toutes, ainsi ces prêtres désireront se
dédier et consacrer à Dieu comme des hosties vivantes
pour mourir, n'ayant au fond d'eux-mêmes qu'un seul
Jésus-Christ qui les consomme totalement en lui, afin de
ne vivre que pour Dieu en Jésus-Christ.

Le 15 septembre 1651.

Me sentant obligé de n'être plus à moi mais à Dieu
seul en la très sainte Vierge, je me démets aux pieds de
la très sainte Trinité de tout ce que j'ai et ce que je suis,
de tout ce que je veux et je peux, bref de toute ma vie,
pour être dans les intérêts de la très sainte Vierge et ne
vivre qu'en elle, épousant ses désirs, ses sentiments, ses
inclinations et son zèle pour Dieu et son Église, priant,
offrant, souffrant et agissant en tout dans son Esprit et ses
desseins, sans les vouloir connaître, me contentant de
demander en elle et avec elle à Dieu ce qu'elle veut pour
sa plus grande gloire.

Je lui donne tout le droit que j'ai d'appliquer le très
auguste et très saint sacrifice de la messe et je m'en
démets entre les mains de la très sainte Vierge pour obtenir de Dieu en elle et avec elle ce qu'elle demande et
désire le plus pour l'Église, qui est la sanctification parfaite de son clergé. Je m'estimerai heureux de n'avoir
plus rien à faire en la vie que de prier, offrir, souffrir et
faire toutes choses en ce même intérieur, esprit, zèle et
ferveur de la très sainte Vierge, et plus honoré d'y être
appelé que si j'étais élevé à toutes les plus sublimes grandeurs de la terre.

Dorénavant je mettrai entre ses mains, non seulement
le saint sacrifice de la messe, mais aussi toutes mes

actions, pour les faire dans ses intentions et dispositions, et n'entreprendre jamais rien sans lui demander et tâcher de connaître sa sainte volonté et celle de mon Dieu par elle.

Je regarderai tous ses enfants comme mes maîtres et les servirai, y étant commis de sa part et lui en devant rendre compte. Je lui demande part à sa grande sagesse et à la pureté de son zèle, afin que je n'agisse avec eux qu'en sa divine lumière et que je n'aie en vue que de détruire en eux par sa vertu la corruption de la chair et du monde et de les faire avancer en la sainteté qu'elle désire.

[Ms. 109.]

PROJET DE L'ÉTABLISSEMENT
D'UN SÉMINAIRE DANS UN DIOCÈSE
où il est traité
premièrement de l'état et de la disposition des sujets,
secondement de l'esprit de tous leurs exercices,
PAR UN PRÊTRE DU CLERGÉ

*Ce « projet » fut présenté à l'Assemblée du clergé en 1651.
On ne peut trouver esquisse plus autorisée de l'œuvre à
laquelle J.-J. Olier consacra sa vie et qui demeure la raison
d'être de la Compagnie de Saint-Sulpice.*

*L'« Avertissement au lecteur » contient ces lignes qui met-
tent en garde contre l'ambition mondaine, tentation alors
commune. La première tonsure par laquelle un homme deve-
nait clerc devait signifier le renoncement à cette ambition et
la mise à part pour le service de Dieu.*

Si l'écrivain de ce projet prend le nom de prêtre du
clergé, il le fait premièrement pour ne point prendre celui
de prêtre séculier, qui est le nom qu'on donne communément à tous ceux qui ne sont point attachés à des congré-
gations religieuses, qui est néanmoins un nom très odieux
aux prêtres de Jésus-Christ, qui font expresse profession

de n'être point du siècle [1] et au contraire d'en être séparés en esprit dès le moment qu'ils sont faits clercs [2], protestant de ne vivre plus qu'à Dieu en Jésus-Christ pour le soutien de sa religion*, pour l'établissement de ses saintes maximes et pour imprimer l'amour de ses divines mœurs, que le siècle malin tâche d'anéantir et d'étouffer tous les jours en l'Église. Ce qui oblige les prêtres de n'avoir aucune société ni commerce avec lui, mais au contraire de le persécuter et le crucifier [3] en toute sa malice, maintenant avec cœur les intérêts de Jésus-Christ et de son Évangile.

Le saint [4] clergé est proprement ce corps puissant que Dieu a établi dans l'Église pour tenir tête au siècle et s'opposer en sa force, en sa lumière et en sa sainteté [5] au torrent de ses vices ; il se doit servir à cet effet de toute l'autorité que Dieu lui a mise dans les mains, comme aussi de la sainte parole qu'il a mise en sa bouche et de la plénitude des dons, des vertus et des grâces, dont il est revêtu dedans l'Esprit de Dieu à ce même sujet.

Secondement l'écrivain prend encore le nom de prêtre du clergé par attache particulière au service de ce corps auguste et divin, faisant profession de servitude vers* lui

---

1. « Siècle » est alors synonyme de « monde », ce qui peut donner à « séculier » la même résonance qu'à « mondain ».

2. Les clercs sont à l'époque plus nombreux que les prêtres. Olier leur propose une formation et une spiritualité cléricales qui conviennent aux prêtres sans leur être propres.

3. Voir Ga 6, 14. La position d'Olier paraît aujourd'hui agressive, mais Paul et Jésus lui-même présentent fréquemment la vie chrétienne comme un combat.

4. Au sens de « consacré », quel que soit en fait son niveau moral.

5. On reconnaît la juridiction ou puissance de gouverner, la mission d'enseigner et le pouvoir de sanctifier, notamment par les sacrements.

et vers le moindre de ses ministres, aux pieds desquels il désire [de] vivre le reste de ses jours, pour servir, quoique inutilement et faiblement, aux desseins qu'il pourrait avoir d'honorer Dieu et de se rendre utile à son Église, qui ne sera jamais parfaitement et universellement sainte que par le ministère de ce corps magnifique du clergé, que Dieu a répandu universellement par tout le monde, pour le remplir de sa lumière et du feu sacré de son amour, représenté par cet ange glorieux de l'Apocalypse, qui, prenant des charbons ardents dessus le saint autel et les mettant dans l'encensoir [1], les répand après dessus la face de la terre, ce qui exprime le saint amour du sacrifice et de la religion de Jésus-Christ, qu'il tâche de rallumer et de renouveler dans le cœur de l'Église. Bienheureux seront ceux qui avec l'ange se verront appliqués à l'exercice d'un si saint ministère [2].

Enfin il prend le nom de prêtre du clergé, parce qu'il vit dans une compagnie qui s'est vouée uniquement en Jésus-Christ au service des prêtres et des clercs, auxquels elle tâche d'aider pour les préparer au culte de Dieu [3] et à l'édification de ses peuples, sous la conduite et emploi de messeigneurs les prélats comme chefs, comme pères et comme rois sacrés du saint clergé. < C'est > ce que l'on peut voir par la lecture de ce projet, qui est comme un échantillon des desseins et des intentions de cette compagnie, laquelle étant connue par messeigneurs les évêques de l'assemblée d'à présent, ils ont agréé qu'elle prît le

---

1. Ap 8, 5.
2. Si grandes que soient les exigences divines à l'égard des prêtres, leur sort demeure donc enviable.
3. Le culte est nommé en premier lieu ; car louer Dieu est la première fonction du prêtre.

nom de Compagnie des prêtres du clergé [1], la regardant comme chose propre et de laquelle ils peuvent disposer pleinement dans la profession qu'elle fait de vivre tout à eux et pour eux, sans aucune distinction qui la sépare et la retire de la vie commune du clergé. Et pour ce qu'elle se voit honorée à ce sujet de ce titre de bénédiction et de grâce, dont elle se sent très indigne, elle tâchera de le mériter s'il plaît à Dieu, par la fidélité à son institut et à sa vocation, ne voulant d'intérêt dans l'Église que celui de la servir en son divin clergé, qu'elle voudrait grossir d'un nombre immense de sujets, utiles à magnifier Dieu et à répandre l'esprit chrétien dans le cœur des fidèles.

[Avertissement.]

PREMIER TRAITÉ
DE LA DISPOSITION DES SUJETS DU SÉMINAIRE

Section première
DE LA NÉCESSITÉ DES SÉMINAIRES

Trop d'hommes sans aucune formation ne cherchent à être ordonnés prêtres que pour avoir un moyen d'existence. Il faut des séminaires pour former des prêtres conscients des exigences de leur état et capables d'en exercer les fonctions.

Le prélat qui est le saint époux de son Église et qui doit fournir à ses besoins ne peut pas être présent à tout son

---

1. Cette désignation restera longtemps en usage parallèlement à celle de «Compagnie des prêtres du séminaire de Saint-Sulpice».

diocèse pour instruire et officier, pour offrir et adminis-
trer en personne tous les biens nécessaires au salut de ses
peuples. Pour ce sujet [1] il faut avoir plusieurs bouches et
plusieurs mains, plusieurs membres et plusieurs ministres, qui distribuent à tout son diocèse le pain de la
Parole, qui offrent le divin sacrifice et administrent
encore les sources de la vie qui sont les sacrements.

Et c'est pour ce sujet qu'on voit dans les cérémonies
du sacre de l'évêque des ministres qui portent des pains
dans leurs mains et des barils pleins de vin, pour dire que
c'est au saint prélat qu'ils servent, à qui il appartient en
chef de distribuer le pain de la Parole et d'offrir encore
le sacré pain et vin du sacrifice pour toute son Église.
Mais, ne le pouvant faire en [sa] personne en tous les
lieux du diocèse, il doit avoir des substituts qui s'en
acquittent en sa place et qui le fassent dignement selon
Dieu.

C'est la difficulté de l'apôtre saint Paul <que> de trouver des dispensateurs de la Parole et des ministres des
mystères de Dieu, auxquels le saint prélat se puisse fier
comme à lui-même : « Ce qui est à désirer dans des dispensateurs, c'est qu'ils soient trouvés fidèles [2]. » C'est la
difficulté de trouver des sujets évangéliques et des
ouvriers sans confusion au jour du Jugement, qui s'acquittent dignement de ces emplois.

Ce sont de tels sujets qui sont nécessaires aux prélats
<et> [lesquels], étant intimement unis à eux et dépendant
de leur esprit, soient mus et appliqués par eux aux fonctions des diocèses. Le défaut [3] de cet ordre ôte tout le

---

1. Pour ce motif.
2. *« Hic quaeritur inter dispensatores ut fidelis quis inveniatur »*
(1 Co 4, 2).
3. Manque.

repos des saints prélats et les tient en impuissance de servir à l'Église, gémissant incessamment* après des sujets de sainteté, qui les soulagent en leurs travaux, qui les secondent en leurs emplois et qui puissent valablement les décharger devant Dieu d'une partie du fardeau qui leur est imposé.

Or, bien loin de voir les choses en cet état, messeigneurs les prélats se voient tous les jours assiégés de gens grossiers et d'esprits mercenaires qui leur demandent leur troupeau à garder, desquels on peut bien dire qu'il vaudrait mieux jeter des brebis à la gueule des loups que de remettre des âmes entre leurs mains [1].

C'est là l'extrême misère de l'Église, où l'on voit les peuples qui gémissent aussi bien que les prélats, après des prêtres, afin de trouver en eux leur Dieu visible [2] qui détruise leurs péchés et purifie leurs cœurs, qui les console en leurs afflictions, qui les soulage en leurs misères, les fortifie en leur accablement, bref, qui soient leur tout en leurs besoins, comme font tous les jours les vrais prêtres et pasteurs en l'Église, qui selon les desseins de Dieu en Ézéchiel, « fortifient ce qui est faible, guérissent ce qui est malade, pansent ce qui est brisé, ramènent ce qui est égaré, cherchent ce qui était perdu [3] ».

---

1. Il s'agit des candidats aux bénéfices qui y voient une source de revenus plus que la charge d'âmes. Le tableau de l'entourage de l'évêque est peu flatté. N'y est-il vraiment pour rien ? La déférence envers l'autorité religieuse à laquelle il s'adresse ne permet pas à Olier d'insinuer la moindre critique à son sujet.

2. Dieu rend son action visible dans les signes sacramentels posés par le prêtre. Il y a plus : le prêtre lui-même est un signe, comme un sacrement (« Mémoires », ms. 2, f° 314).

3. « *Quod infirmum est consolidant, quod aegrotum est sanant, quod confractum est alligant, quod abiectum est reducunt, quod perierat quaerunt* » (voir Ez 34, 16).

Mais il se trouve si peu de vrais prêtres et pasteurs dans l'Église que les cœurs des peuples demeurent abattus sous l'ignorance et le péché, et ne peuvent être relevés que par la main de leurs pasteurs qui sont leurs pères divins et leurs anges confortants, après lesquels ils gémissent incessamment auprès de Dieu, appelant les prêtres à leur secours, sans être ouïs dedans leurs plaintes : « Les petits enfants ont demandé du pain et il n'y avait personne pour leur en donner [1]. » Ils demandent qu'on les tire de leurs erreurs, qu'on les guérisse de leurs maux, qu'on les relève dans leurs chutes, qu'on les rappelle en leurs égarements, bref, qu'on les repaisse de la sainte Parole qui fait tous ces effets de bénédiction dans les âmes et de laquelle l'Église se voit quasi universellement dépourvue, étant vrai qu'il n'y a rien <de> si rare que la sainte Parole distribuée par amour et appliquée avec force et puissance aux besoins d'un chacun.

La moisson visiblement est mûre, « les campagnes sont déjà blanches et prêtes à moissonner [2] » ; les peuples sont préparés au bien ; les prélats ont la faux à la main ; ils cherchent des ouvriers qui les secourent ; ils en appellent de toutes parts ; chacun crie avec eux et gémit auprès du maître de la moisson, afin qu'il envoie des ouvriers au travail : « Priez donc le maître de la moisson qu'il y envoie des ouvriers [3]. » Avec cela tout demeure en langueur ; les saints prélats voient périr, avec douleur, devant leurs yeux, le fruit qu'ils ne sauraient cueillir tout seuls, et laissent une moisson si belle, qu'ils ne peuvent

---

1. « *Parvuli petierunt panem et non erat qui frangeret eis* » (Lm 4, 4).
2. « *Segetes albae sunt ad messem* » (Jn 4, 35).
3. « *Rogate Dominum messis ut mittat operarios in messem* » (Mt 9, 37).

embrasser sans l'assistance et le secours de prêtres qui les secondent : « La moisson est très grande et les ouvriers sont en trop petit nombre [1]. »

S'il se trouve parfois des sujets de bonne volonté (qui sont pourtant assez rares dans l'Église) et que la charité de Dieu envoie aux saints prélats, après les avoir ouïs en leurs prières et exaucés pour leur révérence [2], bien souvent ces sujets sont si neufs en toutes les fonctions de leur ordre et si peu capables en leurs saints ministères, que, s'ils ne prennent un temps notable pour s'instruire et se former à loisir dans quelque lieu de piété à toutes leurs fonctions, <en> puisant avec l'instruction l'esprit et la vertu qui leur est nécessaire, ils demeurent inhabiles toute leur vie au service de Dieu et de l'Église ; et les prélats en demeurent chargés, comme de gens inutiles et plutôt capables de gâter leurs ouvrages que de les cultiver et avancer, si bien que les séminaires où ces choses s'enseignent et où les prêtres et les clercs sont reçus pour y être instruits de toutes leurs fonctions se trouvent d'une dernière et absolue nécessité.

[P. 1-5.]

---

1. « *Messis multa, operarii pauci* » (Mt 9, 37).
2. Réminiscence du texte latin de He 5, 7 : « *Exauditus est pro sua reverentia* ».

Suivent deux paragraphes qui traitent respectivement du séminaire en général et de son supérieur.

Section seconde
DES SUJETS DU SÉMINAIRE

Le séminaire doit être composé de trois sortes de sujets : les premiers qui dirigent la maison dans la main de Mgr l'évêque, les seconds qui soient instruits et associés à la maison pour aller faire les fonctions dans le diocèse, et les troisièmes doivent être ceux qui viennent prendre l'esprit ecclésiastique, pour aller après servir Dieu, chacun dans la charge où il est appelé.

[P. 11.]

Les quatre premiers paragraphes traitent des deux premières sortes de sujets.

§ 5. – De la troisième sorte de sujets du séminaire

Ce paragraphe montre une nouveauté importante : tandis que le concile de Trente prévoyait des séminaires pour former les futurs prêtres, le

> *séminaire d'Olier doit aussi et d'abord « exami-*
> *ner » et discerner les candidats à recevoir. Cet*
> *examen porte en particulier sur « l'appel inté-*
> *rieur » qu'on va bientôt nommer « vocation ». Ce*
> *mot de « vocation » n'est encore pris usuellement*
> *qu'au sens objectif : ce que le prêtre est appelé à*
> *faire ou à être, sa mission, la tâche qu'il doit rem-*
> *plir ; dorénavant « vocation » aura de plus en plus*
> *un sens subjectif : l'appel que le candidat s'est*
> *senti personnellement adresser.*

Le troisième ordre des sujets qui composent le séminaire sera le plus nombreux. Car il comprend tous les
sujets qui se viennent former à l'esprit ecclésiastique ; et
de ceux-là, il y en a de toute sorte d'âge et de condition.

Il y en a qui, n'étant pas encore clercs, touchés du saint
désir de se donner à Dieu pour être consacrés à son service, pourront venir dans la maison pour [se] faire exa-
miner s'ils sont dignes d'être promus à la cléricature et
y pourront venir ainsi en habit séculier.

Les autres qui, étant clercs et n'en ayant aucune
marque, ni en l'habit, ni en la tonsure, viendront pour
être instruits de leur vocation, et y prendront l'habit s'ils
en sont jugés dignes, avec esprit de pénitence d'avoir
négligé jusques alors de porter les marques de leur sainte
vocation.

Il y en aura d'autres qui, sans aucune vue de bénéfices
ni de charges, se sentant appelés au service de Dieu et de
l'Église, se viendront faire instruire de leur vocation,
pour être ensuite abandonnés [1] à leur prélat pour tel
emploi qu'il lui plaira de leur donner, soit pour être

---

1. À la disposition de.

curés, soit pour être vicaires, ou pour servir encore à tel autre ministère qu'il voudra. Et de cette sorte de personnes, comme il y en aura qui se présenteront sans intérêt [1], leur grâce en sera plus parfaite et aussi plus rare [2] et bien plus excellente.

Il y aura encore d'autres ecclésiastiques, comme doyens, chantres, archidiacres, chanoines, abbés, prieurs et autres semblables officiers et bénéficiers, qui seront bien aises de connaître ce qu'ils sont en l'Église de Dieu et quelle est la grâce de leur état, quels sont les exercices et les vertus de leur condition, pour s'aller après appliquer [3] avec fidélité à leur saint ministère.

Toutes ces sortes de sujets, dans la diversité de leur état et de leur emploi, composent l'admirable beauté de l'Église de Dieu, «environnée de ses divers ornements [4]», et font un ordre merveilleux aux yeux de Jésus-Christ, qui se sert de ce riche ornement pour expliquer [5] au-dehors de soi l'étendue admirable de ses vertus secrètes et la multiplicité de ses grâces et de ses dons cachés.

[P. 35-36.]

---

1. C'est-à-dire : en étant désintéressés, ne cherchant ni bénéfice, ni avantage.
2. «Rare» a souvent au XVIIᵉ siècle le sens de «remarquable».
3. Pour aller après s'appliquer.
4. «*Circumdata varietate*» (Addition de la Septante et de la Vulgate au Ps 44, 10).
5. Déployer.

DE LA SAINTE ORAISON

Pour son Projet de l'établissement d'un séminaire dans un diocèse *(1651), Olier prévoyait un exposé sur « les exercices du séminaire », qui resta inachevé. Des pages qu'il rédigea sur l'oraison, on remarquera comment il situe cet « exercice » : il parle d'abord, et en termes très forts, de la charité qui en est le but, et de l'Esprit Saint source de cet amour.*

Comme le Saint-Esprit est celui qui vivifie le divin monde de l'Église [1] et comme ce même Esprit anime tous les membres du Corps mystérieux [2] de Jésus-Christ [3], c'est aussi par la charité qui est la vie du Saint-Esprit que toutes les fonctions de l'Église de Dieu se doivent accomplir.

---

1. *« Spiritus Domini replevit orbem terrarum »* (Sg 1, 7).
2. Cette traduction de *corpus mysticum* semble peu commune.
3. *« Cujus spiritu totum Ecclesiae corpus sanctificatur et regitur »*, expression tirée de la troisième des oraisons du Vendredi saint : « Dieu, dont l'Esprit sanctifie et dirige le corps tout entier de l'Église. »

La charité qui nous est donnée par la vertu du Saint-Esprit réside dans nos cœurs, dit l'apôtre saint Paul [1], pour nous apprendre que le cœur étant le principe de la vie qui meut et qui gouverne tout en nous [2], étant vivifié du Saint-Esprit il anime avec soi toute la créature et la remplit de sa chaleur et de sa vertu pour la rendre capable de toutes ses fonctions et des qualités nécessaires pour l'exercice de ses œuvres. Le Saint-Esprit de Dieu fait tout de même [3] dans ce corps auguste et magnifique de l'Église ce que le cœur fait dans le corps de l'homme. C'est lui seul qui anime tout, qui vivifie tout et qui applique tout au service de Dieu par la vertu de son feu et de sa charité sainte, sans la vigueur et la vie de laquelle tout y serait ou mort ou languissant, et rien sans elle ne pourrait se conserver dans l'Église, non plus que rien ne prend naissance en elle sans sa vertu.

C'est la sainte charité qui a tout opéré ce qui est de plus saint et de plus glorieux en l'Église. C'est elle qui a ouvert les yeux de la contemplation à tous les fidèles serviteurs de Dieu pour l'aimer à loisir et pour louer et adorer ses beautés admirables. C'est l'amour qui a ouvert la bouche à tous ces grands chapitres et tous ces chœurs illustres qui entonnent et le jour et la nuit les louanges de Dieu en répandant leur âme en la confession de la magnificence de sa splendeur et de sa sainteté. « Tout ce qu'il fait publie ses louanges et sa grandeur. La sainteté et la magnificence éclatent dans son lieu saint. Le

---

1. Voir Rm 5, 5.
2. Saint-Cyran, vers 1640, définissait aussi le cœur comme « le principe de toutes les fonctions de la vie ». Voir L. COGNET, « Le Cœur chez les spirituels du XVIIᵉ siècle », *Dictionnaire de spiritualité*, t. II, col. 2300-2307.
3. « Tout de même », dans une comparaison : « exactement ».

Seigneur est grand et digne d'être loué infiniment, imposant en sa sainteté [1] ».

C'est la même charité qui fait parler avec tant d'ardeur ces foudres de l'Église et ces tonnerres apostoliques qui brisent et consomment les cœurs. « Votre parole est éprouvée par le feu et votre serviteur l'aime uniquement [2] » ; « Mon cœur a produit une excellente parole [3] ».

C'est elle qui anime les mains de tous les ministres de Dieu qui opèrent le bien spirituel et temporel dans l'Église (« La foi qui est animée de la charité [4] ») ; c'est cette même charité qui avance les pas des serviteurs de Dieu dedans ses voies et qui élève leurs désirs au-dessus de la terre pour les tirer à lui en les faisant marcher dans la conduite de ses divines lois (« Conduisez mes pas selon votre Parole, et faites que nulle injustice ne me domine [5] »). Bref, c'est en elle et dans le Saint-Esprit qui l'engendre que tous les membres de Jésus-Christ accomplissent les œuvres de leur vocation (« C'est un seul et même Esprit [...] distribuant à chacun ses dons selon qu'il lui plaît [6] »).

Ô pur amour, unique vie de notre cœur, unique source de tout le bien que Dieu demande à son Église et surtout au clergé ! C'est en vous qu'il faut vivre, c'est de vous

---

1. « *Confessio et magnificentia opus ejus, sanctitas et magnificentia in sanctificatione ejus. Magnus Dominus et laudabilis nimis, magnificus in sanctitate* » (citations de Ps 110, 3 ; 95, 6 ; 144, 3 et Ex 15, 11).

2. « *Ignitum eloquium et servus tuus dilexit illud* » (Ps 118, 40).

3. « *Eructavit cor meum verbum bonum* » (Ps 44, 2).

4. « *Fides quæ per charitatem operatur* » (Ga 5, 6).

5. « *Gressus meos dirige secundum eloquium tuum ut non dominetur mei omnis injustitia* » (Ps 118, 133).

6. « *Unus et idem Spiritus [...] dividens singulis prout vult* » (1 Co 12, 11).

qu'il faut naître, c'est en vous qu'il faut croître, et c'est en vous-même qu'il se faut consommer. Mais où trouvera-t-on la naissance, le progrès et la consommation de l'amour ? La charité prend naissance dedans le sein de l'oraison, la charité s'élève dans ses bras, la même charité se consomme et se perfectionne sous l'ombre et la conduite de la sainte oraison.

C'est en la très sainte oraison où l'âme tirée hors d'elle-même en s'unissant à Dieu qui est lui-même charité, autant elle puise en lui de charité qu'elle s'avance et unit à lui-même. Ce qui faisait dire au grand saint Chrysostome [1] qu'autant on était saint qu'on avait d'oraison, et qu'à proportion de son avancement et de son excellence on avançait dans la sainteté de Dieu même, qui devient par l'oraison l'âme de l'âme et la vie de notre esprit vivant dedans son union. Il n'y a rien qu'à être admis en l'oraison pour avoir tout et y posséder tout. Là on jouit de Dieu et on le voit dedans lui-même comme un ami fait [2] son ami ; là on confère et on traite avec lui. Et selon saint Grégoire [3] on doit avant que d'être prêtre avoir contracté une telle familiarité avec Dieu qu'on ne puisse être refusé ; en sorte que celui qui est admis à l'entretien de Dieu et qui n'a pas expérience d'avoir le pouvoir sur lui de l'apaiser lorsqu'il est irrité, ne doit pas se faire prêtre ni être admis pour être pasteur en l'Église, dont l'une des principales obligations, après celle de sa propre justification et l'amour du prochain, est d'adou-

---

1. Jean Chrysostome, *Sermon* 2 sur la prière (PG 50, col. 780).

2. Emploi courant de «faire» pour ne pas répéter le verbe précédent : «comme un ami voit son ami» (voir Ex 33, 11).

3. Grégoire le Grand, *Pastoral*, 1, 10 (PL 77, 23).

cir la colère de Dieu et lui réconcilier le monde («Voici le grand prêtre qui en ses jours a plu à Dieu, il a été trouvé juste et il est devenu au temps de la colère la réconciliation des hommes [1] »).

C'est en cette oraison où le prêtre puise la vie pour soi et pour les peuples. Là il a sa paix et y trouve sa joie, en quoi consiste le Royaume de Dieu selon saint Paul : «Le Royaume de Dieu est paix et joie dans l'Esprit Saint [2]. » Il y trouve sa force, sa lumière, son amour. Bref, il y trouve toutes choses en Dieu qui est le tout de l'âme, qui est tout son ciel et sa terre, qui est tout son monde nouveau dans cette génération nouvelle de l'Église et la grâce du sacerdoce dont il est honoré. C'est enfin par la sainte oraison que le prêtre rempli de charité se trouve revêtu de toutes les richesses magnifiques de Dieu. «Unis ensemble par la charité, qu'ils soient remplis de toutes les richesses d'une parfaite intelligence pour connaître le mystère de Dieu le Père et de Jésus-Christ [3]. » Par quoi on n'entre pas seulement en connaissance des mystères de Dieu le Père et de son Fils, mais même en jouissance et participation de leur état. On entre en la force du Père, en la splendeur du Fils et en l'ardeur du Saint-Esprit. On entre dans les grandeurs éminentes du Père, on entre dans les vertus humiliantes du Fils, on entre dans les opérations amoureuses et pénétrantes de son Esprit.

---

1. « *Ecce sacerdos magnus qui in diebus suis placuit Deo et inventus est justus et in tempore iracundiae factus est reconciliatio* » (capitule des vêpres d'un confesseur pontife, composé d'après Si 44, 17).

2. « *Regnum Dei est pax et gaudium in Spiritu sancto* » (d'après Rm 14, 17).

3. « *Instructi in charitate in omnes divitias plenitudinis intellectus in agnitionem mysterii Dei Patris et Christi Jesu* » (Col 2, 2).

Dieu retire le prêtre par l'oraison dans son sein. Il l'établit en lui, et l'élevant en son état, il le transforme en lui-même, faisant pour nous en vertu de l'oraison ce qu'il fit autrefois pour son Fils sur le Thabor en le transfigurant dans sa propre lumière, puisque selon saint Paul [1] nous sommes transformés de clarté en clarté par la vertu du Saint-Esprit qui nous revêt de charité et nous change en Dieu même (« Quiconque demeure dans l'amour demeure en Dieu, et Dieu demeure en lui [2] ») apprenant encore aux prêtres en ce divin mystère ce qu'il fit aux apôtres qui y étaient présents, quand il fut déclaré le maître et le prédicateur de l'Église [3], que ce doit être en la lumière et la splendeur de Dieu par l'oraison qu'il faut puiser les vérités divines pour les montrer aux peuples (« traitant spirituellemment des choses spiri-tuelles [4] », comme l'explique saint Grégoire de Nazianze). D'où vient même que les apôtres ne devaient parler de ce même mystère qu'après la divine Résurrection de notre Seigneur, en laquelle il devait être déclaré le vrai législateur de sa loi (« établi sur sa sainte montagne, afin que j'annonce ses préceptes [5] ») réservant encore un temps à députer les apôtres pour la prédication de tout le monde en vertu de son même Esprit : « Allez, prê-chez [6] », mais demeurez pourtant en la retraite et oraison

---

1. D'après 2 Co 3, 18.

2. *« Qui manet in charitate in Deo manet et Deus in eo »* (1 Jn 4, 16).

3. D'après Mt 17, 5.

4. *« Spiritualibus spiritualia comparantes »* (1 Co 2, 13) ; voir Grégoire de Nazianze, *Discours* 2, 96 ; Éd. du Cerf, coll. « Sources chrétiennes », n° 247, p. 217.

5. *« Praedicans praeceptum Domini in monte sancto ejus »* (d'après Ps 2, 6).

6. *« Ite, praedicate »* (d'après Mc 16, 15).

jusques à ce que vous soyez revêtus de la vertu [1] de mon très fort, très pur, très saint, très sublime Esprit.

Cela étant, qui ne voit pas la grande obligation que l'on a de travailler assidûment à la pratique de l'oraison dedans le séminaire, voyant ses effets si divins et ses vertus si rares et nécessaires aux prêtres, de laquelle, comme l'on voit, dépend toute la force et l'efficace de leurs emplois : rien n'opérant auprès de Dieu ni dessus le prochain (en quoi consistent toutes leurs obligations) qu'en la vertu de ce Saint-Esprit de vie puisé dans l'oraison, qui est pourtant si rare à présent en l'Église et est [2] la seule cause pourquoi l'on voit si peu de fruit et d'avancement dans les âmes.

Pour ce sujet [3], on fera quantité d'entretiens en général et en particulier sur le sujet de l'oraison, qui tendront non seulement à montrer l'excellence, l'utilité et la nécessité de ce saint exercice, mais encore la facilité pour y entrer et pour la pratiquer doucement, donnant les ouvertures et levant les empêchements qui s'y peuvent trouver, développant encore les petits embarras que l'esprit humain a de coutume de s'y forger.

À ce sujet il sera bon et important que la charité et douceur des directeurs écoute soigneusement, amoureusement [4] et patiemment les peines et les difficultés d'un chacun, qui sont diverses en chaque esprit, prévenant même leurs besoins en les interrogeant sans attendre leurs peines. Or, parce que le meilleur moyen qui donne le plus d'entrée à la prière, après la pureté de cœur,

---

1. D'après Lc 24, 49.
2. Ellipse pour « et cette rareté est la seule cause ».
3. Pour ce motif.
4. Au sens classique d'« affectueusement » (voir Pascal, Molière, etc.).

l'humilité et l'innocence, c'est l'exercice même et l'assiduité de l'oraison, de là vient qu'il est important de la faire souvent et la pratiquer au moins deux fois par jour : le matin après le lever, le soir devant le souper, étudiant encore suavement cette sainte et utile manière de prier des chrétiens dont parlait l'apôtre saint Paul : Priez sans interruption [1] qui ne consiste en autre chose qu'à faire toutes ses œuvres en esprit d'oraison, selon que l'on enseignera avec douceur à s'y conduire dedans le séminaire.

[Ms. 20.]

---

1. *« Sine intermissione orantes »* (d'après 1 Th 5, 17).

DE L'AMOUR-PROPRE
À L'AMOUR DE LA CROIX

Ce passage est d'une rigueur implacable. Quand on mesure ce que la croix signifie d'humiliation et de souffrance, elle fait horreur. Mais par là même, elle montre jusqu'où va l'amour pour nous de celui qui pour nous sauver n'a pas reculé devant une telle mort. Olier ne connaît pas de plus grand sujet d'émerveillement, ni de plus puissant ressort dans l'apostolat.

Le grand remède à tout l'amour-propre, c'est l'amour de la croix, que nous devons demander à Dieu par-dessus toutes choses, qui consiste à être privé intérieurement et extérieurement de toute consolation : « À Dieu ne plaise que je me glorifie en autre chose qu'en la croix de notre Seigneur Jésus-Christ ; par qui le monde est mort et crucifié pour moi [1]. » Il n'y a point de véritable joie et

---

1. Ga 6, 14.

de solide gloire à un chrétien qu'en la croix de Jésus-Christ notre Seigneur, qui met l'âme en pureté et unité avec Dieu, laquelle étant privée et dénuée de tout, [elle] est en l'état que Dieu la désire pour être unie à lui. Et après cette vie la gloire sera rendue à proportion de la croix : « Je suis fixé au Christ, à la croix [1]. » Je suis intérieurement et extérieurement crucifié en tous mes membres comme Jésus-Christ et je porte dans moi les stigmates intérieurs, c'est-à-dire les plaies et les douleurs, en tous mes membres affligés, n'ayant aucun moment de joie et au contraire ressentant des peines en tous mes désirs qui sont cloués et percés par l'effort de l'amour qui les réprime et les repousse, les afflige et garrotte et les crucifie durement, ne laissant aucun lieu à la consolation. Cette croix nue [2] est le pain et la vie de l'âme. C'est ce qui met en liberté notre âme. C'est ce qui la retire des amusements* et bagatelles du siècle. C'est ce qui lui donne joie pour tous emplois de sa profession, même les plus fâcheux. C'est ce qui donne ouverture et liberté au prochain de vous voir, de vous parler, <vous-même> ne fuyant point, mais portant au contraire, chérissant la peine qu'il peut donner et l'affliction qu'il peut porter avec lui. On est ouvert à tout et prêt à tout, on ne s'arrête à rien qui nous plaise en l'emploi, mais au contraire on l'appréhende et on le suit. On ne se tire point de ce qui peut confondre la superbe* ; on n'évite point qui nous doit demander et par conséquent affliger notre avarice. On ne fuit point les sujets de douleur et qui peuvent ainsi mortifier notre amour propre et notre complaisance, notre satisfaction.

---

1. Ga 6, 19.
2. C'est-à-dire cette croix, sans rien d'autre.

Par conséquent le principe de toute pureté d'amour, c'est la croix ; le principe de liberté, c'est la croix ; d'ouverture au prochain, c'est la croix ; de fidélité à Dieu, c'est la croix ; de diligence, c'est la croix ; le principe de l'humilité, de pauvreté et de souffrance, c'est la croix. « À Dieu ne plaise que je ne me glorifie d'autre chose qu'en la croix. » À Dieu ne plaise que jamais je désire et je souhaite quoi que ce soit que la croix. À Dieu ne plaise que je ne demande rien à Dieu que la croix, que l'amour de la croix nue universellement répandue dans l'âme et qui, me mettant dans la privation de toute satisfaction, me met dans l'état de servir Dieu en vérité pour lui tout seul et non pas pour moi-même. Dieu seul et puis c'est tout. Dieu seul servi et reçu, c'est la religion. « Ce sont là les adorateurs que cherche le Père [1] », qui l'adorent en esprit, c'est-à-dire dirigés par la foi et l'obligation que l'Esprit, par l'esprit intérieur, nous signifie et nous enseigne, sans la satisfaction et le goût de nos sens qui se cherchent par tout et qui nous portent à tout ce qui les satisfait et les contente. « En vérité », c'est-à-dire que pour lui seul ils ont des hommages et des respects. Pour lui seul et pour son service ils s'appliquent et se portent à leur devoir, omettant tout intérêt, retranchant toute satisfaction et toute inclination pour lui sacrifier, faisant de toutes choses une victime pour le servir et l'honorer.

Et l'âme qui marche ainsi en vraie religion [elle] a toujours le glaive en main pour prendre soin en tout rencontre*, en toute occasion, à tout moment, de retrancher et sacrifier tout ce qui s'élève en nous de désirs, de recherche et de propre satisfaction.

[Ms. 13, f° 21-25.]

---

1. Jn 4, 23.

FONDEMENTS DE LA CONFIANCE
EN DIEU

Olier propose un idéal de renoncement, d'humilité et de don de soi si élevé qu'il nous paraît même inaccessible quand nous mesurons combien nous en sommes éloignés. Rappelons-nous alors jusqu'où vont la bonté de Dieu et sa miséricorde envers les pécheurs que nous sommes. Ainsi nous retrouverons confiance et reprendrons courage.

Pour pusillanime, méfiante et craintive que soit l'âme, elle ne peut demeurer longtemps en cet état si une <bonne> fois elle peut avoir le regard ouvert aux fondements de la confiance que nous avons en Dieu. Que la méfiance naisse de notre infirmité propre ou de la multitude de nos péchés, [tout] cela ne saurait empêcher la forte et pleine confiance de notre âme, et ne paraît rien devant l'étendue des biens dont nous sommes instruits par la foi.

Le premier est la vue de la miséricorde de Dieu qui absorbe tout péché, comme une fournaise ardente un brin de paille, <ou> comme le vaste océan absorbe un grain de sable. La miséricorde de Dieu est infinie, elle est immense, et nos péchés devant elle ne sont rien qu'un atome.

En sa miséricorde, Dieu <met> sa grande gloire à engloutir plus de péchés et à en absorber davantage, si bien que la multitude de nos péchés nous sert de confiance sur le fondement de la gloire de Dieu, tant il en est jaloux et prend tous les moyens possibles de se la procurer. Notre misère immense est <ainsi> l'occasion de faire paraître et d'exalter la grandeur infinie de sa miséricorde.

Le second fondement de notre confiance est l'infinité des satisfactions et des mérites de Jésus-Christ qui ont plus satisfait Dieu que nos péchés n'avaient démérité et lui ont rendu plus de gloire que nos péchés ne lui avaient causé de déshonneur.

L'offrande faite à Dieu par Jésus-Christ son Fils lui est un prix de valeur infinie pour le payer de nos dettes et le satisfaire en justice pour tous nos péchés, en sorte que nous pouvons dire avec foi et en <toute> confiance : « Mon Dieu, je vous paie de tout ce que je vous dois et au-delà. » Et pour le faire, il suffit de se mettre en grâce, de se réconcilier et de s'unir à Jésus-Christ par le sacrement de pénitence qui nous revêt de sa pénitence, c'est-à-dire de sa mort, de sa Passion. [...]

Le troisième fondement est l'immensité des moyens que Jésus-Christ nous a mérités dans l'Église, par exemple son corps et son sang, ses sacrements, sa parole et les opérations de son divin Esprit par son amour et par sa sainte grâce.

Le Fils de Dieu a vu trois ennemis principaux qui affligent notre âme : la chair, le démon et le monde. Et il a procuré à l'homme trois remèdes divins.

Contre la chair, il a mis en nous son Esprit, qui lui est tout opposé et avec notre consentement, <est> infiniment plus fort qu'elle n'est en nous : « L'Esprit contre la chair [1]. »

Contre le diable qui nous assiège, il <nous> a donné ses anges qui nous entourent, nous protègent et nous élèvent au-dessus de nos tentations : « À ses anges il a commandé de vous garder en toutes vos voies ; ils vous porteront dans leurs mains, de peur que vous ne heurtiez votre pied contre la pierre [2]. »

Contre le monde, Dieu nous a placés en son Église qui est une forteresse invincible et un rempart de la dernière confiance et sécurité : la force des saints du ciel, l'exemple de leurs vertus, le secours de leurs prières, le soutien de leur influence ; la société des justes sur la terre qui nous relèvent par leur zèle, qui nous encouragent par leur parole, qui nous entraînent dans la foulée de leurs bonnes œuvres, dans l'exercice de la vertu, joint à la communion [3] dans laquelle nous sommes <aidés> de leurs prières, leurs vœux, leurs sacrifices et leur mortification continuelle.

[Ms. 13, f° 84-86.]

---

1. Voir Ga 5, 17.
2. Ps 90, 11-12 ; cité par Lc 4, 10-11.
3. Grâce à la communion des saints.

VIVRE EN ABANDON

*La foi n'est ni enthousiasme aveugle ni assurance donnée
par l'évidence. Elle est remise de soi à Dieu qui éclaire notre
chemin de diverses façons.*

L'âme qui veut vivre en abandon de soi à Dieu et qui
veut être menée de lui dans un pouvoir entier et une
totale dépendance doit être morte à la créature. Elle doit
être vide de tout désir, afin que faisant place au Saint-
Esprit, elle puisse avoir les impressions de la divine
volonté pour tout ce qu'elle [1] désire en elle. L'âme doit
être tellement morte et indifférente à tout, que le moindre
mouvement la dirige et la mette en son devoir.

Il faut même que l'âme soit vide de tout jugement
propre et toute propre raison, pour laisser place à la foi
et la simplicité de la lumière divine qui doit l'éclairer en

---

1. Pour tout ce que la divine volonté désire imprimer en elle.

l'absence de la propre lumière et du jugement dirigé de soi-même. Il faut que l'esprit, étant vide de soi, soit susceptible des moindres impressions de la foi et de la lumière divine.

Il faut même que cette âme soit tellement vide de sa propre suffisance et de l'état de sa propre vertu qu'elle soit et se voie toujours en indigence de Dieu. « Comme les yeux des serviteurs sont attentifs aux mains de leurs maîtres [1]. » Il faut être en mendicité vers Dieu, les yeux fichés sur lui, attendant sa grâce et l'impression de sa divine vertu, dont il veut toujours nous revêtir quand nous voulons être mus de lui et dirigés par sa puissance qui peut tout ce qu'elle veut et veut en l'âme tout ce qui est des desseins de Dieu pour sa gloire, <à> savoir tout ce qui sert à accomplir l'œuvre de son Fils dedans nous qui sommes comme les membres de ce Chef [2] qu'il a envoyé tout rempli de son Esprit pour se glorifier en lui et en tous les membres de l'Église. Il est bon même que ces âmes s'instruisent de Jésus-Christ soigneusement, qu'elles apprennent ses voies, ses conduites, ses mœurs dans les rencontres* de sa vie qui servent pour l'ordinaire de flambeau aux âmes pures et nues [3] dans les voies de la foi.

Quand le soleil nous luit, on n'a que faire de lumière particulière et extraordinaire, et les flambeaux pour l'ordinaire ne s'allument que la nuit aux rencontres fâcheux. Ainsi en est-il dans l'Église où le soleil luit toujours, sur la vie duquel les âmes des fidèles doivent avoir les yeux collés pour se voir éclairer de sa lumière et de son jour.

---

1. Ps 122, 2.
2. « Chef » a encore le sens de « tête ».
3. C'est-à-dire dépourvues d'appuis sensibles (voir p. 88).

Il est suffisant à l'Église et aux âmes de fidèles, si ce n'est dans les temps des nuages et de l'obscurité, dans les rencontres particuliers où la lumière universelle de la foi semble n'y suffire pas. Alors Dieu nous fait comme aux mages : il nous donne quelque étoile, mais qui n'est qu'une étoile au regard du soleil. Il nous donne une étoile qui est une étincelle de sa beauté et de sa splendeur, quelque lumière particulière qui contient en éminence toute raison et toute sagesse comme émanante de la sagesse de Dieu même. Et il faut remarquer que comme la lumière particulière des rois s'éclipsa à Jérusalem auprès des prêtres, où la voie de la foi était ouverte, où la science et la révélation de la naissance du Roi qu'ils cherchaient était manifestée, comme il est évident parce qu'ils dirent que le Messie devait naître en Bethléem, comme, dis-je, alors l'étoile s'éclipsa en présence de cette lumière générale, il est aussi vrai que les lumières particulières s'éclipsent de même devant la foi, quand Jésus-Christ et sa vie paraissent et suffisent. Car comme Dieu ne fait rien d'inutile dans nous, il ne nous laisse aussi jamais en besoin de sa lumière et de sa force qui est toute notre suffisance.

[Ms. 139, f° 295-306.]

LE SACERDOCE ROYAL ET SPIRITUEL
DES BAPTISÉS

J.-J. Olier est connu surtout comme fondateur de sémi-naires et formateur des prêtres. Il ne méconnaît pas pour autant le sacerdoce commun des fidèles. Les lignes qui suivent s'efforcent de situer l'un par rapport à l'autre sacerdoce ministériel des prêtres et sacerdoce commun des baptisés.

En troisième lieu ce divin chrême montre que, par le saint baptême, le chrétien est fait prêtre en soi même, ce qui est le sommet de toute dignité [...]. Le chrétien possède l'Esprit de Jésus. Or celui-ci est prêtre et ne peut être dépouillé de cette dignité qu'il conserve en soi pour l'éternité : « Vous êtes le prêtre éternel [1]. ». Aussi porte-t-il cette dignité avec soi partout où il habite. C'est pourquoi tout fidèle en Jésus-Christ est prêtre : « L'ordre des

---

1. Voir He 5, 6, citant Ps 109, 4.

prêtres rois, la nation sainte, le peuple que Dieu s'est acquis [1].» Fidèles en Jésus-Christ, vous êtes rois et prêtres, votre sacerdoce sera éternel comme celui de Jésus-Christ.

« Vous nous avez faits rois et prêtres pour notre Dieu », dit saint Jean en son Apocalypse [2]. Jésus-Christ nous a faits en lui des prêtres et des rois pour l'éternité. En effet, là il est parlé du Royaume du ciel où les bienheureux, dans leur jubilation, proclament ce qui les comble de leur félicité, c'est-à-dire de se voir rois en Jésus-Christ et par Jésus-Christ [...] Ils se vantent encore d'être prêtres de Dieu parce qu'ils lui offrent incessamment l'Agneau comme l'Hostie universelle de l'Église du ciel. Ainsi sont-ils prêtres à jamais, étant surtout revêtus de Jésus-Christ, souverain Prêtre qui se présente en eux et les présente en lui, ne faisant d'eux et de lui qu'une très pure et simple hostie consommée à la gloire de Dieu.

Les fidèles sur la terre, qui sont en Jésus-Christ, participant de tous ses titres et de toutes ses dignités, sont faits prêtres comme lui dans l'intime de leur âme. S'ils laissaient à Jésus-Christ la liberté de leur intérieur sans occupation inutile, ils seraient rendus participants de tout ce qu'il réalise au ciel et des offrandes perpétuelles qu'il fait à Dieu, de lui et de tous les saints et les justes, en lui-même.

Mais outre cette disposition de prêtrise consommée dans le ciel, il y a une autre disposition de prêtrise qui est d'immoler et de sacrifier à Dieu <ici-bas> les victimes qu'il désire.

---

1. 1 P 2, 9.
2. Ap 5, 10.

Pour entendre cela, il faut savoir qu'il y a une victime de religion, une victime universelle de l'Église, qui est notre Seigneur Jésus-Christ. Or cette hostie de religion publique ne saurait être offerte que par les prêtres de religion, les prêtres publics, les prêtres délégués et députés, les prêtres déclarés <tels> par l'Église.

Il y a une prêtrise essentielle, à savoir celle qui est en Jésus-Christ, souverain Prêtre, partout où il se trouve. Et il y a une prêtrise de délégation, de députation, de manifestation et de déclaration, bref la prêtrise de notre religion qui est manifestée à l'Église par l'onction. Le Saint-Esprit la rend visible à l'Église dans les cérémonies de leur consécration où est proclamé hautement, soit par les rites, soit par les paroles : « Voilà ceux que le Saint-Esprit a choisis pour être les sacrificateurs, pour être les prêtres qui offriront publiquement et dans une célébration solennelle l'Hostie de toute l'Église, cette Hostie toutefois que les fidèles, chacun en particulier, sont obligés de présenter à Dieu et de lui offrir dans leur cœur par un culte intérieur et caché [...]. Ainsi font-ils un sacrifice secret, caché dans le temple de leur cœur. [...]»

Il y a une autre sorte d'hostie et de sacrifice dans l'Église. Ce n'est pas cette hostie et ce sacrifice public et solennel, ce sacrifice de religion pour l'Église : « Un esprit brisé de douleur est un sacrifice digne de Dieu [1] » ; tel est le sacrifice du cœur contrit et humilié, tel est le sacrifice dont parle l'apôtre saint Paul : « Je vous conjure, par la miséricorde de Dieu, de lui offrir vos corps comme une hostie vivante, sainte et agréable à Dieu, comme votre culte raisonnable [2]. » « Je vous

---

1. Ps 50, 19.
2. Rm 12, 1.

conjure par la miséricorde de Dieu » ; c'est l'attribut de Dieu le plus obligeant à notre égard, [Dieu] qui, par compassion et par tendresse, a envoyé son Fils pour être hostie de propitiation : « par les entrailles de la miséricorde de notre Dieu par laquelle ce soleil levant est venu nous visiter [1] ». Je vous conjure donc d'offrir à Dieu vos corps et d'immoler leurs désirs et leurs injustes appétits à la gloire de Dieu pour être après des hosties vivantes, saintes et agréables à Dieu. [...] Et pour cela il n'y a pas besoin d'une prêtrise solennelle, pas besoin d'une prêtrise déléguée. Il suffit d'avoir la seule véritable et réelle présence de l'Esprit de Jésus-Christ qui partout exerce sa prêtrise en anéantissant et consumant tout ce qui s'oppose à Dieu, détruisant en ses membres tout ce qu'il voit de contraire à la sainteté de Dieu même, en achevant en eux secrètement ce qu'il avait commencé en Jésus publiquement, à savoir dans sa chair à la ressemblance du péché [2]. Il la détruit en nous d'autant plus volontiers que notre chair est une vraie chair de péché, tandis que celle de Jésus n'était chair de péché qu'en ressemblance.

Et ainsi notre immolation et sacrifice journalier n'est qu'une appartenance, une dilatation, une extension et continuation du sien même qu'il accomplira au jour du Jugement et qu'en attendant il avance petit à petit en son Esprit, seul capable de faire ce sacrifice en portant en lui les intentions nécessaires à la religion.

Aussi faut-il toujours que ce soit en lui et en ses intentions saintes que nous fassions ce divin sacrifice. [...] Tous les sacrifices <véritables> ont leur vertu dans l'Esprit et dans le cœur de Jésus-Christ notre Seigneur,

1. Lc 1, 78.
2. Voir Rm 8, 3.

le seul et unique et véritable sacrificateur dans l'Église, à l'Esprit duquel participent tous ceux qui sacrifient en vérité.

C'est de cette sacrificature que nous sommes oints par le baptême. Il nous donne l'obligation de l'accomplir et l'exécuter sur nous-mêmes, comme Jésus-Christ a accompli sur lui-même le sacerdoce de Dieu son Père, en s'immolant lui-même à sa gloire sur la croix. [...]

Commençons de bonne heure notre sacrifice en Jésus-Christ, à savoir dans son zèle, son amour, sa justice et sa puissance et toutes les dispositions de sa religion.

[Ms. 11, f° 65-75.]

FÊTE DE LA TOUSSAINT

Les saints ne sont-ils pas totalement absorbés par la vision bienheureuse de Dieu ? Car leur amour pour Dieu les conduit à se donner totalement à lui et de la sorte les unit en un seul corps. C'est ainsi qu'ils gardent leur personnalité véritable et sont à l'image de celui qui est un seul Dieu en trois Personnes.

La fête de la Toussaint est une admirable fête : c'est la fête et la solennité qui sert de conclusion à toutes les fêtes et solennités de l'année. C'est la fête qui comprend toutes les fêtes du mystère de Dieu, de Jésus-Christ et de ses saints. Cette fête est comme toutes les fêtes ensemble.

Cette fête est LA FÊTE DE LA SAINTE TRINITÉ. C'est la fête de tout ce saint mystère et en particulier celle de chacune des Personnes.

1. C'est la fête de TOUT LE SAINT MYSTÈRE. C'est en effet l'expression de cet auguste mystère que Dieu a médité dans son conseil éternel. C'est l'unité en la pluralité des Personnes : Dieu est un et remplissant les trois

Personnes augustes de sa divinité [1]. Voilà ce que nous représente la fête de la très sainte Trinité : « Mon Père, je prie afin que tous ensemble ils ne soient qu'un, comme vous, mon Père, vous êtes en moi et moi en vous [2]. »

Les saints sont consommés en l'unité divine en conservant leur pluralité et leur distinction, de même que les Personnes adorables de la très sainte Trinité sont toutes en l'unité de Dieu et la pluralité des Personnes. C'est ainsi que la fête de la Toussaint est la fête et l'expression du mystère de la très sainte Trinité tout ensemble. Et, comme le Père est dans le Fils lui communiquant tout son être sans rien perdre du sien, de même que le Fils est dans le Père, sans rien perdre de leurs propriétés : « Tout ce qui est à moi est à vous et tout ce qui est à vous est à moi [3] », ainsi en est-il dans la communion des saints qui habitent et vivent les uns avec les autres, communiant aux biens les uns des autres sans perdre de leurs propriétés.

2. De plus cette fête est la fête <de chacune> des trois PERSONNES particulières.

C'est la fête du PÈRE et l'expression de sa génération éternelle. Dans la génération du Verbe, il communique en plénitude son essence et sa vertu, exprimant ses perfections en lui. Il l'exprime en son état et sa gloire. Quand il ressuscite, son Fils dit qu'il ressuscite par rapport à sa splendeur première, « de cette gloire que j'ai eue en vous avant que le monde fût [4] ». Or ces générations, le Père les nomme et les qualifie « des splendeurs et des lumières

---

1. Cette expression discutable, imitée des Rhéno-flamands, ne situe pas Dieu en deçà des trois Personnes. Elle cherche à dire leur unité.
2. Jn 17, 20-23.
3. Jn 17, 10.
4. Jn 17, 5.

qu'il répand dans les saints » : « Vous posséderez la principauté et l'empire au jour de votre puissance et au milieu de l'éclat qui environnera vos saints [1] ». Cette génération <du Verbe> est semblable à cette génération parfaite des enfants de Dieu dans la gloire et la splendeur qui environnent et pénètrent tous les saints.

Dieu se sert de cette gloire de tous les saints pour exprimer aux hommes en dehors de lui-même quelle est sa génération intérieure et éternelle. Il se glorifie même en elle : « Mon fils Israël, vous êtes mon serviteur ; je me glorifierai en vous [2]. » Dans l'Écriture sainte, « Israël de Dieu » se dit de l'Église de Dieu. Tout Israël, fils de Dieu, c'est l'Église qui tout entière n'est qu'un Christ. C'est en ce Christ dans sa splendeur que Dieu le Père se glorifie.

Ainsi voit-on comment cette fête est proprement la fête du Père éternel qui exprime sa beauté dans les saints ; comme on voit le soleil et les astres se refléter dans les eaux, de même voit-on Dieu <pour ainsi dire> se baigner et se plonger dans les saints.

C'est la fête du FILS DE DIEU et sa solennité. En effet notre Seigneur Jésus-Christ comme chef de son Église n'est reconnu dans toute l'étendue de son accomplissement que dans ses membres : « Il est celui qui remplit tout en tous [3]. » Il est parfaitement toutes choses quand il est en tous et qu'il remplit toutes choses de lui : « Jésus-Christ est tout et en tous [4]. »

---

1. Ps 109, 3 (selon la Vulgate).
2. Is 49, 3.
3. Ep 1, 23.
4. Col 3, 11.

Notre Seigneur, dit saint Paul, croît tous les jours, et il n'est point encore censé parfait selon l'étendue de tout son corps mystique ; il ne le sera qu'au jour du Jugement <quand nous parviendrons> « à l'état d'un homme parfait, à la mesure de l'âge et de la plénitude selon laquelle Jésus-Christ doit être formé en nous [1] ».

La fête de la Toussaint est celle qui comprend tous les saints et qui donne à Jésus-Christ des membres dans lesquels il dilate sa vie. D'année en année cette fête ajoute de nouveaux membres au Fils de Dieu dans lesquels il répand la vie de sa gloire et dilate ainsi son corps mystique et glorieux. Et comme le Père fait passer sa vie en son Fils, le Fils de même fait passer sa vie dans ses membres.

Cette fête est de même la fête du SAINT-ESPRIT. C'est là en effet où il fait paraître la multiplicité de ses dons et la fécondité de ses perfections divines. <Les saints> sont le temple du Saint-Esprit, consommateur de toute sainteté. Le Père éternel a formé en soi l'Église et l'a portée en son sein de toute éternité. Le Fils a mérité <aux saints> la vie qu'ils possèdent. Et le Saint-Esprit <la> leur communique et les achève en sainteté parfaite.

Il en est de la gloire des saints ressuscités en leur splendeur comme il en est de la gloire de Jésus-Christ ressuscité au jour de sa splendeur : saint Paul l'attribue tantôt au Père qui l'engendre dans le tombeau, tantôt au Fils qui ressuscite en sa vertu et ses propres mérites, tantôt au Saint-Esprit, consommateur en la vie de sainteté.

Cette fête est encore la fête de la TRÈS SAINTE VIERGE qui est, à proportion et à sa manière, comme Jésus-

---

1. Ep 4, 13.

Christ, une personne universelle : elle a part à la gloire de tous les saints, elle voit en tous les saints les fruits de ses prières aussi bien que de sa coopération au mystère de leur salut.

Elle voit en la gloire de tous les saints des effets de ses charités et <de> ses miséricordes. Elle reçoit même formellement des gloires et des louanges admirables de la bouche de tous les saints : « Vous êtes la gloire de Jérusalem, vous êtes la joie d'Israël, vous êtes l'honneur de notre peuple [1]. » Chacun lui rend la gloire qu'il possède, chacun lui attribue l'honneur qu'il a au ciel. C'est une grande fête pour la très sainte Vierge : elle reçoit des joies sans pareil de la joie du Père en ses enfants, de celle de son Fils en ses membres, de celle du Saint-Esprit opérant en plénitude dans ses temples.

À combien de saints cette sainte âme a-t-elle versé le lait de la divine grâce qu'elle a maintenant changé en la substance solide d'une vie divine ? Ô bienheureuse mère des bienheureux ! Ô mère nourrice de l'Église ! Quelle joie a la nourrice de voir ses enfants en grandeur et élevés au point de gloire qu'elle pouvait désirer ! Elle voit avec plaisir le succès de leurs travaux.

C'est la fête de TOUS LES SAINTS APÔTRES qui ont engendré par la parole tous ces enfants de Dieu. C'est la fête des MARTYRS qui ont arrosé de leur sang les plantes que la parole des apôtres avait plantées. C'est la fête des CONFESSEURS qui, dans les siècles suivants, sont venus éclairer par leur lumière et fortifier et cultiver de leurs travaux et de leurs soins les plantes arrosées par le sang des martyrs et plantées par les saints apôtres. C'est la fête

---

1. Jdt 15, 10.

des VIERGES qui, par leurs larmes, par leurs prières, ont mérité l'accroissement de la vie de l'Église et ont attiré la rosée du ciel pour faire fructifier <ses membres> et augmenter leur vie qui est le dernier règne de l'Église.

C'est la fête de TOUS LES SAINTS en particulier qui possèdent par la sainte communion du ciel tous les biens et tous les trésors de leurs frères. Et, en ce jour, chaque saint est solennisé comme possédant la gloire par une communion de tous les saints ensemble.

C'est encore la fête de TOUS LES JUSTES EN CE MONDE. En effet, comme les cadets de l'Église, ils se réjouissent de la gloire de leurs aînés en la regardant comme la leur propre. Enfin, c'est la fête de l'ÉGLISE DE LA TERRE. En ce jour en effet, non seulement elle est élevée dans l'espérance du pareil bien qu'elle honore, mais encore elle entre en communion de la vie divine <des saints> qui se dilate et se répand en ces jours de leur triomphe et de leur munificence : cela dans l'intérieur des cœurs, pour ainsi dire cachée sur la terre dans le secret de nos âmes, en attendant le jour de la manifestation universelle de la vie de Dieu en nous comme <les saints> la possèdent maintenant en la gloire.

[Ms. 12, f° 312-318.]

POUR HONORER L'AMOUR
DE JÉSUS ET MARIE

Olier a célébré « Jésus vivant en Marie ». Jésus a vécu physiquement en Marie, sa mère. Jésus vit en elle « inséparablement » « par la communion à la vie divine », c'est-à-dire par le don qu'il lui fait de sa grâce.

Au-dessous des communications éternelles du Père au Fils et du Père avec le Fils au Saint-Esprit, au-dessous de la communication de la divinité en Jésus-Christ, il n'y a rien d'admirable, rien d'adorable et de divin, comme la communication de Jésus à Marie.

Le mystère et sacrement est très grand selon saint Paul [1] qui est entre notre Seigneur Jésus-Christ et sa chère épouse, l'Église. Mais le mystère de Jésus-Christ

1. Ep 5, 32.

avec sa sainte Mère, et cette vie de Jésus vivant en plénitude en Marie, c'est le mystère des mystères et le sacrement des sacrements [1].

Jésus-Christ en Marie est dans un tabernacle où il veut être adoré ; Jésus-Christ en Marie est dans un trône où il veut être honoré ; Jésus-Christ en Marie est en un oracle où il veut être écouté ; [...] Jésus-Christ en Marie est dans son lit de justice [2] où il veut pardonner ; Jésus-Christ en Marie est dans son lieu de repos où il veut être félicité. Enfin Jésus-Christ en Marie est en son paradis, d'où il ne veut jamais changer et duquel il veut être inséparable durant le temps et en l'éternité. Et de même que le sein de son Père est toute sa félicité et qu'il en est inséparable comme Dieu, de même la demeure et la résidence du sein de sa divine Mère lui est comme homme une félicité et une béatitude de laquelle il ne se séparera jamais.

Oh, qui pourra comprendre ce qu'est Marie à Jésus-Christ et ce qu'est Jésus à Marie ! Si Jésus-Christ n'a point eu de terme pour expliquer ce qu'il était à son Église et son épouse, comment pourra-t-on expliquer ce qu'est notre Seigneur à sa Mère ? Ces mots d'« épouse », de « sœur », de « mère », de « bien-aimée », de « toute belle » ne sont point assez au Fils de Dieu pour expliquer ses sentiments d'amour à son Église. Quels termes pourront expliquer les sentiments d'amour et de tendresse de Jésus-Christ envers la très sainte Vierge ?

Pour en parler, il vaut mieux dire en peu de mots que Jésus est en Marie et que Jésus est Marie, qui vit en elle

---

1. « Sacrement » est pris au sens large que peut avoir le latin *sacramentum*.
2. Le roi présidait les séances du Parlement assis sur un meuble d'apparat appelé lit de justice.

et qui est un autre lui-même. Ce tout aimable Jésus occupe tout en sa bien-aimée et remplit tellement ce qu'elle est, qu'il ne lui reste pas seulement capacité pour aimer autre chose que ce bien-aimé, mais il ne lui reste rien en elle d'elle-même qui ne soit Jésus-Christ qui la possède, qui l'absorbe et la consomme en lui et la rend une même chose avec lui.

Si elle veut agir, c'est toujours en lui et par lui, si elle veut rendre à Dieu quelque devoir ou recevoir de Dieu, c'est en lui et pour lui. Elle ne peut rien avoir ni posséder que par lui, n'étant rien du tout à elle-même.

[Ms. 9, f° 250-251.]

LA JOURNÉE CHRÉTIENNE

Publiée en 1655, donc avant les traités plus doctrinaux que sont le Catéchisme chrétien pour la vie intérieure *(1656) et* l'Introduction à la vie et aux vertus chrétiennes *(1657), La* Journée chrétienne *met déjà en œuvre les principaux thèmes chers à Jean-Jacques Olier: sa spiritualité profondément baptismale, son insistance sur la conformité à Jésus-Christ obtenue par l'abandon à l'Esprit Saint pour restaurer de l'intérieur la dignité de la nature humaine blessée et même corrompue par le péché.*

Mais comme Olier le dit lui-même dans la préface: « Les notions générales ne suffisent point, il faut descendre dans le particulier pour tirer du fruit de ce qu'on voit et de ce qu'on lit » (p. 99-100). Il essaie donc de montrer comment les chrétiens peuvent vivre de l'Esprit tout au long de la journée, jusque dans les détails de leurs activités quotidiennes.

L'ouvrage est divisé en deux parties. La première traite des actes proprement religieux; on y apprend de manière très concrète comment vivre entre autres la prière du matin, du soir, l'eucharistie, le sacrement de réconciliation, la visite au saint sacrement, le chapelet. La seconde porte sur la façon de vivre en chrétien le début et la fin du jour, l'étude, le travail, la maladie, la santé, les loisirs, les repas, tout ce qui constitue les occupations habituelles d'une journée.

Actes pour la prière du matin

Cet exercice est le premier des six qu'Olier pro-
pose pour la prière du matin. Centré d'abord sur
l'adoration du Verbe incarné, il ouvre sans cesse
à la vie trinitaire. Il est tout entier sous-tendu par
la doctrine du Corps mystique : la prière des chré-
tiens y est saisie dans la prière du Christ. On sera
particulièrement attentif au mouvement intérieur
de ce texte : il conduit celui qui prie, par la com-
munion à l'Esprit Saint, à l'unité avec toutes les
créatures et avec Dieu en qui il se perd et se
consomme. Ainsi, la fin de la prière se confond
avec le but de toute la vie chrétienne.

Je vous adore, ô mon Seigneur Jésus, en votre anéantissement devant Dieu, où vous confessez votre néant et
le nôtre.

J'adore votre sainte âme, ô mon Seigneur Jésus, rendant tous vos devoirs et les nôtres à la très sainte Trinité.

J'adore votre religion et les hommages que vous rendez incessamment à Dieu dans le ciel et dans le très saint

sacrement de l'autel, tels que vous les rendiez en votre intérieur, lorsque vous étiez sur terre.

J'adore la pénitence que vous faites pour nous devant la majesté de Dieu, vous accusant de nos péchés, et lui en demandant pardon comme s'ils étaient vôtres.

Je vous adore, ô mon Seigneur Jésus, rendant à votre Père les adorations, les amours, les louanges, les remerciements, les prières, les vœux et tous les devoirs d'une parfaite religion, tels que sa grandeur les mérite.

Je vous remercie ô mon Seigneur Jésus, de nous avoir choisis pour être vos membres, afin de continuer à rendre en nous sur la terre tous les devoirs de votre religion, de même qu'au ciel vous les rendez à Dieu dans les anges et dans les saints, par la vertu de votre Esprit.

Je vous supplie, Esprit divin de mon Seigneur Jésus, qui êtes en nous, de vouloir nous aider à rendre tous nos devoirs à la très sainte Trinité, et en particulier ceux qui suivent.

Ô mon Dieu, je ne suis rien, je le confesse devant vous et devant toutes vos créatures.

Mon Dieu, je suis un grand pécheur, je vous demande pardon de toutes mes offenses par les mérites de votre Fils.

Mon Dieu, unique en votre essence, j'adore dans tout le respect que je puis votre divine Majesté vivante en trois Personnes.

Je vous aime, ô mon Dieu, de tout mon cœur, de toute ma pensée, de toute mon âme et de toutes mes forces, en la vertu de votre Saint-Esprit.

Je vous loue, ô mon Dieu, en toutes les grandeurs de vos divines perfections.

Je vous remercie, ô mon Dieu, de tous les biens spirituels et temporels que j'ai reçus de vous, et que j'en dois attendre à toute éternité.

Je vous prie, ô mon Dieu, par notre Seigneur Jésus-Christ, qu'il vous plaise de procurer votre gloire par tout le monde, d'augmenter l'amour et le respect qui est dû à votre Fils, au très saint sacrement de l'autel, et d'étendre par toute la terre votre sainte Église, pour être glorifié par elle.

Bénissez-nous, mon Dieu, de votre sainte bénédiction, en votre Fils Jésus, par votre Saint-Esprit.

Il faut dire, *Pater Noster, Ave Maria, Credo* et *Confiteor* en latin ou en français.

Enfin, mon Dieu, pour suppléer à nos défauts, je vous offre tous les devoirs extérieurs et intérieurs de religion que votre Fils Jésus vous rend en lui-même, et en toute l'étendue de son Église.

Je vous offre encore, ô mon Dieu, toutes mes paroles, toutes mes pensées, et toutes mes œuvres avec celles de mon Seigneur Jésus, pour mériter d'être reçues de vous, détestant toute autre intention que celle qu'il aurait, s'il était sur la terre et s'il vivait en ma place.

Je m'unis, ô mon Dieu, à son divin Esprit, qui vous fait aimer et adorer par tous les anges et par tous les saints, et qui remplit le ciel et la terre de vos saintes louanges, afin de me rendre présent par cet Esprit à toutes les créatures qui vous honorent.

J'adhère de tout mon cœur à l'Esprit immense de Dieu, dans tout l'amour qu'il se porte à lui-même, et me veux perdre de tout mon cœur en lui ; puisque je ne le puis comprendre, qu'il m'absorbe, et me consomme en lui : je ne puis plus heureusement achever mon sacrifice.

[P. 101-103.]

Du pardon que l'on sonne
trois fois le jour

Ce texte sur l'angélus ou le pardon montre comment, pour Jean-Jacques Olier, une simple dévotion n'est jamais marginale ni envisagée de manière étroite. Au contraire, elle s'intègre dans l'ensemble de la vie chrétienne dont elle rappelle les aspects essentiels. Elle se présente comme une occasion, au cours de la journée, de reprendre conscience des mystères du Christ, et de s'y replonger comme à la source permanente de notre vie de foi.

La sainte dévotion du pardon, que l'on sonne trois fois le jour, est un effet de l'amour de l'Église vers Jésus-Christ notre Seigneur, laquelle veut toujours avoir son époux devant les yeux et en inspirer la dévotion à ses enfants.

On le sonne le matin, afin de commencer la journée par Jésus-Christ. On le sonne à midi, afin d'en renouveler le souvenir, et de le continuer jusqu'au soir. On le sonne encore à la fin du jour, pour terminer ses pensées par Jésus-Christ, comme on les a commencées par lui et pour se reposer et s'endormir en son sein. « Mais pour moi, je dormirai en paix et je jouirai d'un parfait repos [1]. » Et ainsi cette pratique de dévotion nous fait vivre nuit et jour en présence et en l'amour de Jésus-Christ.

On le sonne trois fois par jour, parce que toute la dévotion de l'Église vers Jésus-Christ est rapportée par lui à la gloire et à l'honneur de la très sainte Trinité. L'Église s'unit toujours à l'intérieur de son Époux, pour glorifier incessamment les trois Personnes divines ; de même que les trois enfants de la fournaise de Babylone étaient unis avec le Fils de Dieu, pour glorifier le Père en l'unité de son Esprit : « Alors ces trois hommes louaient Dieu dans la fournaise, et le glorifiaient et le bénissaient d'une même bouche [2]. »

Quand on entend la cloche, il faut se réjouir et courir promptement à cette dévotion, de même que l'épouse qui attend son époux, et qui l'entend heurter à la porte, y court à la hâte et avec joie.

On sonne trois coups à chaque fois afin que l'épouse ne doute point que ce ne soit son époux. C'est comme le signal et le mot du guet, par lequel il lui parle pour se faire connaître : car il ne peut dire ni annoncer autre chose à l'Église, cette chère Épouse, que l'amour et la gloire de la très sainte Trinité, dont il est tout rempli, et à laquelle il l'a dédiée et consacrée par le baptême. Il semble lui dire : au nom de la très sainte Trinité

---

1. « *In pace in idipsum dormiam et requiescam* » (Ps 4, 9).
2. « *Ex uno ore laudabant, et glorificabant, et benedicebant Deum* » (Dn 3, 51).

ouvrez-moi ; c'est à elle que vous ne pouvez rien refuser. Enfin, en réitérant trois fois ces trois coups, le Fils de Dieu exprime la circumincession [1] des trois Personnes divines et la mutuelle habitation des unes dans les autres.

On appelle le pardon l'*Ave Maria*, parce que l'Église sait bien que ses enfants ne sont pas dignes d'adorer les mystères de Jésus, et que même ils ne les connaissent pas. Et comme la très sainte Vierge les a mieux connus et honorés que personne, et qu'elle a le plus participé à leurs dons et à leurs grâces, l'Église nous la propose pour l'honorer et pour nous unir à elle en foi, afin que par elle nous rendions à Jésus-Christ les honneurs et les hommages qui lui sont dus en ces mystères, et qu'en cette union nous participions aux dons et grâces des mystères de Jésus-Christ, dont elle est toute remplie.

L'Église l'appelle encore l'*Angelus*, et le fait dire à ses enfants par respect et par honneur, à la gloire et à la grandeur de la sainte Vierge, pour leur apprendre à s'approcher d'elle dans les mêmes dispositions avec lesquelles en approcha le saint ange Gabriel, député du Père éternel, et rempli de son amour vers elle. Et il est bon, en prononçant ces paroles, *Angelus Domini*, etc., de s'unir à la religion de cet ange envers la très sainte Vierge, pour l'aborder avec l'honneur et le respect qui lui est dû, avant que de lui dire : *Ave Maria*.

Ecce ancilla Domini signifie le désir que l'Église a que nous soyons unis aux dispositions de servitude vers Jésus-Christ dans lesquelles vivait la sainte Vierge, et que nous nous tenions recueillis quelque temps en son Esprit, pour y participer, et pour donner le temps au Saint-Esprit d'opérer en nous cette grâce de servitude.

---

1. Mot du vocabulaire théologique, bien expliqué par la fin de la phrase.

On y ajoute : *Et Verbum caro factum est*, etc., afin de nous montrer l'objet auquel nous devons être appliqués, qui est le Verbe incarné, considéré en ses divins mystères.

Un des mystères que l'Église nous donne à honorer dans le pardon (comme l'oraison que l'on dit à la fin le marque), et auquel on peut s'appliquer plus particulièrement le matin, c'est celui du Verbe entrant dans la chair, avec ses adorables et divines opérations dans l'âme de Jésus-Christ, à l'honneur de Dieu, et pour la sanctification de l'Église, laquelle souhaite que ses enfants commencent toujours leur journée, qui est une image de toute la vie, dans le même esprit que Jésus-Christ a commencé de vivre.

Un autre mystère que la sainte Église nous propose à honorer, qui est aussi marqué dans l'oraison, et auquel nous pouvons faire une attention particulière à midi, c'est le saint mystère de la Résurrection, par la vertu duquel les fidèles qui sont déjà entrés dans les commencements de la vie divine, s'y perfectionnent, et d'enfants qu'ils étaient au matin deviennent hommes parfaits à midi : « À l'état d'homme parfait [1]. »

On peut enfin honorer particulièrement au soir le mystère de la mort et de la sépulture, compris en celui de la Passion et de la croix, que l'Église nous propose aussi en l'oraison : afin de finir notre journée comme notre Seigneur a fini sa vie, et afin de nous reposer et de prendre le sommeil avec lui dans le tombeau : « Je me suis endormi et laissé aller au sommeil [2]. » À quoi il est bon d'ajouter une petite élévation et prière envers Jésus-Christ mort et enseveli, pour lui demander l'esprit et la

---

1. « *In virum perfectum* » (Ep 4, 13).
2. « *Ego dormivi, et soporatus sum* » (Ps 3, 6).

grâce du sacrement de l'extrême-onction, qui a pris son origine de ces divins mystères, et qui nous fera conclure heureusement et saintement la vie. Cette grâce nous mettra à couvert de la malice du péché et du diable, qui pourraient nous surprendre durant le sommeil, dans lequel nous sommes faibles comme dans l'agonie, et perclus et privés de nos sens et de notre raison.

Il est bon pour lors de s'unir à Jésus-Christ le fort armé, afin que tout soit en paix : « Lorsque le fort armé garde sa maison, tout ce qu'il possède est en sûreté [1] », et qu'ainsi nous puissions dire avec David : « Mais pour moi, je dormirai en paix et je jouirai d'un parfait repos [2]. »

[P. 113-115.]

---

1. « *Cum fortis armatus custodit atrium suum, in pace sunt ea quae possidet* » (Lc 11, 21).
2. Voir p. 120, n. 1.

Actes pour le saint office

Dans cette élévation, Jean-Jacques Olier indique dans quel esprit il convient de prier les hymnes, les cantiques et les psaumes de l'office. Le texte est tout entier centré sur la prière du Christ glorifié qui rassemble en elle la prière des prophètes, des patriarches, des apôtres et de toute l'Église aujourd'hui. C'est le Fils qui est le religieux du Père. Toute prière chrétienne n'est que l'expression de sa prière. D'où la demande instante du chrétien que Dieu dilate en lui et dans l'Église la prière du Fils.

Esprit divin qui régnez dans les anges et dans les saints du ciel, je vous adore de tout mon cœur. Je vous révère dans les louanges et dans le témoignage d'amour que vous rendez à Dieu dans les cœurs. J'adore l'immense religion et la multiplicité des sentiments amoureux dans lesquels ils se confondent en vous pour la gloire de Dieu.

Souffrez, Esprit divin, que je m'unisse à vous et que j'entre en la vie divine dont vous animez les saints ; que je me perde en vous ; et qu'avec vous je me dilate dans tous les bienheureux, qui adorent et qui louent en vous la majesté de Dieu.

Que si je ne suis pas assez heureux pour me perdre tout en vous, et pour entrer, par l'intime union de mon âme avec vous, en part de l'honneur que vous rendez à Dieu dans les saints, souffrez au moins, Esprit divin, que je me réjouisse du grand honneur qu'ils lui rendent en vous. Mon âme est satisfaite de vous voir honoré par votre Esprit, ô mon Dieu, si elle ne peut pas vous honorer par elle-même.

Mon Dieu, j'adore cet Esprit répandu dans vos prophètes, qui ont écrit ces psaumes et ces cantiques si aimables que l'on chante. La pureté de leur état et la sublimité de leurs pensées et de leurs sentiments me confond et m'anéantit en votre présence. Leurs transports amoureux, leurs dispositions saintes et la diversité des mouvements qui les remplit ne peuvent être compris par une âme terrestre comme la mienne. Je les adore sans les comprendre et j'adhère à l'Esprit qui les a produits dans leur cœur.

Esprit de Dieu qui prenez vos délices à continuer dans l'Église ce que vous avez commencé dans vos saints, je vous offre mon âme afin que vous le répandiez en elle : exprimez-y ce que vous avez exprimé en eux ; dilatez en moi et en toute l'Église ce que vous rendez de devoirs à Dieu dans le cœur de Jésus, le Chef, la vie et l'Esprit de tous les prophètes.

Mon Dieu qui prenez vos délices et vos complaisances en notre Seigneur Jésus-Christ, qui vous rend lui seul, par la vertu de votre divin Esprit, dont il a été rempli, tout ce que les apôtres et leurs disciples, tout ce que les anges du ciel et les saints de la terre vous ont rendu d'honneur et de louanges ; exprimez en notre âme et dans toute l'étendue de votre Église ce que lui seul vous rend parfaitement dans le ciel.

Que l'Église, ô mon Seigneur Jésus, dilate ce que vous avez renfermé en vous seul, et qu'elle exprime au-dehors d'elle-même cette religion divine que vous avez pour votre Père dans le secret de votre cœur, dans le ciel et sur nos autels. Oh ! quel ciel ! Quelle musique, quelle sainte harmonie dans ces lieux saints ! Oh ! Que la foi me fait entendre au travers de ces tabernacles de merveilleux cantiques, que l'âme de Jésus-Christ rend à Dieu avec tous les anges et les saints qui l'y accompagnent !

Donc, ô mon Dieu, que toutes ces louanges et tous ces cantiques, ces psaumes et ces hymnes que nous allons chanter à votre honneur ne soient que l'expression de l'intérieur de Jésus-Christ, et que ma bouche ne vous dise que ce que l'âme de mon Sauveur vous dit en elle-même.

Adhérant donc à votre Esprit, ô mon Seigneur Jésus, qui êtes la vie de notre religion, je désire de rendre à votre Père tous les hommages et tous les devoirs qui lui sont dus, que vous seul comprenez, et que vous seul lui rendez dans votre sanctuaire.

Anéanti, mon Dieu, en tout moi-même qui suis un misérable et infâme pécheur, j'adore votre Fils, le véritable, l'unique et le parfait religieux de votre nom ; et je m'unis à votre Esprit par la plus pure portion de mon âme, pour vous glorifier en lui.

[P. 122-123.]

Autre exercice pour la prière du soir

Oraison

Ce texte devenu traditionnel dans la dévotion des séminaires sulpiciens, s'inspire en fait très largement d'une prière composée par le père de Condren ; celle-ci ne faisait pas mention de la Vierge Marie. Olier l'a légèrement modifiée pour introduire l'idée de la vie de Jésus en Marie.

Ô Jésus, vivant en Marie, venez et vivez en moi, en votre esprit de sainteté, en la plénitude de votre vertu, en la perfection de vos voies, en la vérité de vos vertus, en la communion de vos divins mystères : dominez en moi sur toutes les puissances ennemies, le monde, le diable et la chair, en la vertu de votre Esprit et pour la gloire de votre Père.

[P. 178.]

Autre exercice pour le réveil

M. Olier associe symboliquement le réveil avec la sortie du Verbe du sein du Père par l'Incarnation, avec la naissance du Christ du sein de la Vierge, et avec la sortie hors du tombeau au matin de Pâques. Le mouvement du texte est typique de la spiritualité de M. Olier: tout d'abord, adoration des mystères du Christ, de ses sentiments, de l'Esprit Saint qui l'anime, puis communion aux mêmes mystères et sentiments, de façon à les reproduire dans la vie quotidienne. Nous retrouvons ce mouvement dans la méthode d'oraison sulpicienne.

J'adore, ô mon Seigneur, l'heureux moment de votre Incarnation, où vous sortez du repos éternel que vous preniez dans le sein de votre Père, pour venir en la terre.

Je vous adore encore, mon Seigneur Jésus, en votre sainte nativité, où vous sortez comme avec regret du sein aimable de votre Mère, pour aller converser* parmi les pécheurs.

J'adore cette sortie glorieuse et ce réveil si amoureux qui vous firent quitter le tombeau au jour de votre Résurrection, d'où vous voulûtes vous réveiller pour commencer une nouvelle vie, et pour entrer dans les louanges et dans la religion parfaite de votre Père.

J'adore l'esprit de servitude dans lequel vous entrez dans le monde, sortant avec plaisir de votre saint repos, pour servir votre Père tous les jours de votre vie : « Il s'est anéanti lui-même en prenant la forme et la nature du serviteur [1]. »

J'adore l'esprit de sacrifice qui vous fit revêtir de votre corps de mort, pour pouvoir mourir comme une victime sur l'autel de la croix : « Le Fils de Dieu, entrant dans le monde dit : Vous n'avez point voulu d'hostie, ni d'oblation, mais vous m'avez formé un corps [2]. » J'adore l'esprit de religion dans lequel vous fûtes revêtu de votre corps de gloire, devenu tout esprit pour louer et glorifier votre Père en tout vous-même à toute éternité : « Tous mes os vous rendront gloire en disant : Seigneur, qui vous est semblable [3] ? » J'adore l'Esprit de Dieu vivifiant votre âme, mon Seigneur Jésus, en ces moments, et remplissant votre intérieur de dispositions et sentiments adorables en ces mystères que les anges admirent, demeurant toujours dans le désir de les comprendre.

Je vous supplie, ô mon Jésus, en ce premier moment de mon réveil, et dans cette sortie de mon repos, que je sois animé de votre Esprit pour servir votre Père en ce jour et en toute ma vie.

---

1. « *Semetipsum exinanivit, formam servi accipiens* » (Ph 2, 7).
2. « *Ingrediens mundum dicit : Hostiam et oblationem noluisti, corpus autem aptasti mihi* » (He 10, 5).
3. « *Omnia ossa mea dicent : Domine, quis similis tibi ?* » (Ps 34, 10).

Je vous conjure en cette entrée nouvelle au monde, que je sois rempli du saint désir de me sacrifier pour votre Père ; que, comme une hostie, je ne vive qu'afin de mourir pour son amour, et qu'en attendant ce grand honneur, je sois fidèle à sacrifier incessamment les désirs injustes de ma chair, qui me voudraient surprendre.

Je vous conjure, ô mon amour, qu'en cette Résurrection où il vous plaît me donner encore aujourd'hui une nouvelle vie, je la puisse employer à vous servir et à vous glorifier.

Que si vous, mon Jésus, la vie de mon âme, étant une fois ressuscité, ne mourez plus, ne souffrez point que votre vie, que je sens répandue en mon âme, s'éteigne jamais.

Ô mon tout, il me semble que je me sens participant de la joie que vous aviez en votre divine Résurrection, quand vous vous voyiez en état de ne plus interrompre les louanges de votre Père en tout vous-même : « Tous mes os vous rendront gloire en disant etc... » Que je me sens heureux que vous m'ayez donné cette vie nouvelle, ce nouveau jour, pour vous pouvoir encore servir, vous honorer, et me sacrifier entièrement à vous en mon corps et en mon âme.

[P. 183-185.]

Actes quand on va aux champs
ou à la promenade

En découvrant les beautés de la campagne en général

Voilà bien un aspect peu connu de la pensée de M. Olier : la rencontre de Dieu dans les beautés de la nature. Mais si les perfections des êtres sensibles conduisent à Dieu et permettent de l'adorer, en réalité seule la lumière de la foi nous dirige vers Dieu tel qu'il est en lui-même. Et la majesté, la fécondité, la vie que nous admirons dans la nature ne sont que des traces de sa majesté, de sa fécondité et de sa vie qui les surpassent infiniment.

Mon Dieu, je vous adore en toutes vos créatures ; je vous adore, véritable et unique soutien de tout le monde ; sans vous rien ne serait, et rien ne subsiste qu'en vous.

Je vous aime, ô mon Dieu, et je loue votre majesté paraissant sous l'extérieur de toutes les créatures.

Tout ce que je vois, ô mon Dieu, ne sert qu'à exprimer votre beauté secrète et inconnue aux yeux des hommes.

Vous êtes au fond de tout, et paraissez sous chaque chose en quelqu'une de vos perfections.

Vous paraissez sous des corps sensibles aux yeux de tous les hommes, lesquels ne peuvent vous voir en vous-même, qui êtes un Esprit invisible, et qui ne pouvez être aperçu de nous. Vous vous rendez sensible sous toutes choses, pour être aimé, loué et admiré de toutes sortes de créatures. Je vous adore par la foi tel que vous êtes en vous, et je vous adore tel que vous me paraissez par le secours de mes sens, au-dehors de vous-même.

Mon Dieu, vous êtes bien plus beau et plus parfait en vous que tout ce que je vois répandu dans le monde. Il n'y a que figure en tout ce que je vois, il n'y a de vérité que dans vous-même ; tout me sert de peinture pour adorer l'original qui est vous, ô mon grand Tout ; tout ceci ne me sert que comme d'un corps sensible pour adorer l'esprit caché qui réside au-dedans de ces créatures et qui a semé en elles ces couleurs pour peindre ce qu'il est en lui-même.

Mon Dieu, quoique vous vous soyez caché sous ces créatures, pour m'avertir de tout ce que vous êtes, et pour m'obliger d'adorer vos beautés, vous aurez encore eu beaucoup d'autres desseins que je ne connais pas.

Je vous adore dans les desseins secrets de votre sagesse éternelle, en la création de l'univers.

Surtout, ô mon Dieu, je vous dois remercier d'avoir fait tout ce beau monde, pour me faire du bien.

Vous avez mis dans l'Église des sacrements sous lesquels vous opérez dans nos âmes ; vous avez mis dans le monde des créatures sous lesquelles vous opérez en nos corps. Autant que je vois de créatures ou dans le ciel ou dans la terre, autant j'admire de ruisseaux de votre fécondité, de votre libéralité envers nous.

Dieu, être très parfait, vous n'êtes pas un être oisif, et une substance inutile ; vous faites voir, par tous ces êtres qui se répandent en nous, et qui versent sur nous leur influence, quelle est votre fécondité. Tout ce qu'ils expriment, ô mon Dieu, n'est rien auprès de cette unique et simple fécondité qui réside en vous, par laquelle vous engendrez votre Verbe et répandez en lui l'infinité de votre essence.

Oh ! Que tout l'être de toutes ces créatures en leur distinction et multiplicité dit peu de choses de vous ! Oh ! Que tout périsse devant mes yeux, puisqu'il me donne si peu à voir de ce que vous êtes !

En un moment j'aurais vu ce que vous êtes, et je vous concevrais en votre vérité dans l'unité de votre essence ; mais ici, mon Tout, en mille années je ne concevrai rien de ce que vous êtes, et j'aurai mille idées inutiles qui se confondront en mon esprit. En attendant, mon Dieu, faites que je vous voie par la foi, et que je vous regarde par sa lumière mille fois plus sublime, plus pure, plus certaine, et qui dit plus elle seule que tout le monde ensemble.

Je vous adore, ô mon Dieu, en toutes vos beautés et perfections, telles que vous les possédez en vous-même.

J'adore votre splendeur et votre majesté, plus belle mille fois que celle du soleil.

J'adore votre fécondité, mille fois plus admirable que celle qui paraît dans les astres.

J'adore votre vie, infiniment plus agréable que celle qui paraît dans les fleurs.

J'adore votre activité, infiniment plus agissante que celle qui paraît dans le feu.

J'adore votre stabilité, infiniment plus arrêtée et plus solide que celle de la terre.

J'adore votre subtilité, infiniment plus délicate que celle qui paraît dans l'air.

J'adore votre douceur et votre calme, mille fois plus paisible que celui de nos fleuves.

J'adore votre étendue, mille fois plus vaste et plus immense que celle de l'océan et des mers qui enferment le monde.

J'adore votre hauteur, un million de fois plus sublime que les montagnes que je vois.

J'adore votre vitesse, qui passe celle des cieux.

Mon Dieu, dans vos ouvrages, rien n'est comparable à vous.

[P. 234-236.]

CATÉCHISME CHRÉTIEN
POUR LA VIE INTÉRIEURE

Première partie
DE L'ESPRIT CHRÉTIEN

Leçon I
De l'Esprit et de deux vies
de notre Seigneur Jésus-Christ

> *Être chrétien, c'est vivre comme Jésus-Christ, grâce à la présence et à l'action du Saint-Esprit en nous.*

Demande. Qui est celui qui mérite d'être appelé chrétien ?

Réponse. C'est celui qui a en soi l'Esprit de JÉSUS-CHRIST [1].

---

1. Rm 8, 9.

D. Qu'entendez-vous par l'Esprit de JÉSUS-CHRIST ?

R. Je n'entends pas son âme, mais le Saint-Esprit qui habitait en lui.

D. À quoi connaît-on qu'on a l'Esprit de JÉSUS-CHRIST ?

R. On le connaît aux inclinations qu'on a semblables aux siennes, en suite de quoi on vit comme lui.

D. Quelle est la vie de JÉSUS-CHRIST, dont vous parlez ?

R. C'est cette vie sainte qui nous est dépeinte en l'Écriture et surtout au Nouveau Testament.

D. Combien y a-t-il de vies en JÉSUS-CHRIST ?

R. Il y en a deux, la vie intérieure et la vie extérieure.

D. En quoi consiste la vie intérieure de JÉSUS-CHRIST ?

R. En ses dispositions et sentiments intérieurs envers toutes choses, par exemple, en sa religion envers Dieu, en son amour envers le prochain, en son anéantissement envers soi-même, en son horreur envers le péché et en sa condamnation envers le monde et ses maximes.

D. En quoi consiste sa vie extérieure ?

R. Elle consiste en ses actions sensibles [1] et aux pratiques visibles de ses vertus émanées du fond de son divin intérieur.

D. Il faut donc pour être vrai chrétien avoir en nous le Saint-Esprit qui nous fasse vivre intérieurement et extérieurement comme JÉSUS-CHRIST ?

R. Oui.

D. Mais cela est bien difficile ?

R. Oui à [2] celui qui n'a pas reçu le saint baptême où le Saint-Esprit de JÉSUS-CHRIST nous est donné [3] pour nous faire vivre comme lui.

[P. 11-12.]

---

1. C'est-à-dire perceptibles par les sens de ses témoins.

2. Pour.

3. Le baptême institué par le Christ est déjà baptême dans l'Esprit (Lc 3, 16). C'est improprement qu'on a appelé «baptême de l'Esprit» une nouvelle effusion de l'Esprit.

Leçon II
De la perte de la grâce après le baptême, et du travail de la pénitence pour la recouvrer

*Le sacrement de pénitence nous réta-
blit dans « la grâce du Saint-Esprit »
reçue au baptême, mais non sans
labeur et sans peine de notre part.*

D. Celui qui a perdu la grâce du Saint-Esprit depuis son baptême la peut-il recouvrer ?

R. Il le peut par la pénitence [1], mais avec grand travail et grande peine.

D. C'est pour cela peut-être qu'on appelle le sacrement de la pénitence un baptême laborieux ?

R. Il est vrai sans doute* ; car par le baptême où nous sommes engendrés en Jésus-Christ, DIEU notre Père nous donne par lui-même la vie de son Fils, sans que la divine

---

1. Olier soulève une question alors brûlante : Duvergier s'était récemment élevé contre les confessions formalistes et les absolutions qu'aucun effort de conversion ne justifiait. Il avait surpris en demandant que, pour laisser le temps à une préparation sérieuse, on différât l'absolution. Olier, quelle que soit son hostilité au jansénisme qui a repris les thèses de Duvergier, se garde de minimiser les exigences d'une conversion véritable : le sacrement de pénitence ne dispense pas d'un « grand travail », ce mot travail évoquant un effort douloureux.

justice exige de nous aucune peine ; mais il n'en est pas ainsi de la pénitence.

D. Pourquoi cela ?

R. C'est qu'il faut suer et travailler pour recouvrer les vertus que DIEU seul nous avait données par lui-même et qu'il avait plantées en notre cœur de sa main toute-puissante ; il faut qu'à la sueur de notre front le Saint-Esprit fasse germer notre terre stérile et ingrate dans laquelle auparavant la grâce faisait germer les vertus, sans travail et sans peine.

D. La perte de la grâce du baptême est donc une grande perte ?

R. Oui. On ne le saurait exprimer. Et comment pourrait-on réparer ce chef-d'œuvre de grâce et de miséricorde ?

D. Cette perte n'est-elle pas réparée par la pénitence ?

R. Non, pas parfaitement ; car par la pénitence on fait d'ordinaire comme un apprenti qui veut rafraîchir l'original d'un grand peintre, qui serait fort effacé : ce dernier ouvrage n'approche pas du premier [1].

D. Pourquoi faut-il tant de peine pour recouvrer cette grâce ?

R. Parce qu'on l'a perdue par un péché extrême et par une ingratitude étrange, foulant aux pieds le sang de JÉSUS-CHRIST et étouffant le don du Saint-Esprit qu'on avait reçu par le baptême.

D. Mais quoi ? Celui qui après le baptême offense DIEU par un péché mortel foule-t-il aux pieds le sang de JÉSUS-CHRIST ?

R. Oui, cela est ainsi.

---

1. La possibilité d'une deuxième pénitence n'a pas été admise par l'Église sans difficulté (voir He 6, 4), ni sans restrictions (voir *Le Pasteur* d'Hermas). Olier fait écho aux arguments qui ont motivé ces réserves.

D. Et comment ?

R. Premièrement, parce qu'il se moque des mérites et du sang de JÉSUS-CHRIST, qui lui ont acquis le Saint-Esprit et toutes ses grâces. Secondement, parce que celui qui fait un péché mortel devient un même esprit avec le diable [1], lequel foule aux pieds JÉSUS-CHRIST dans l'âme du pécheur et triomphe de notre Seigneur en son propre trône.

D. C'est donc ainsi peut-être que le pécheur crucifie en soi-même JÉSUS-CHRIST, comme parle saint Paul [2] ?

R. Oui.

D. Et comment le peut-on crucifier ?

R. C'est que, comme les Juifs par la rage des démons garrottaient, clouaient et cramponnaient [3] JÉSUS-CHRIST en l'arbre de la croix, en sorte qu'il n'avait aucun usage de ses membres et qu'il ne lui restait aucune liberté d'agir, de même par le péché on lie et on garrotte notre Seigneur, et on le réduit dans l'impuissance d'agir en nous [4].

D. Expliquez-moi cela davantage.

R. Notre avarice cloue sa charité, notre colère sa douceur, notre impatience sa patience, notre orgueil son humilité ; et ainsi par nos vices nous tenaillons, nous garrottons et nous mettons en pièces JÉSUS-CHRIST habitant en nous.

[P. 12-14.]

---

1. Cependant, à la différence du Saint-Esprit, le diable ne peut « habiter » l'homme ; la possession elle-même n'est ni une incarnation du démon, ni une « inhabitation » à proprement parler.

2. He 6, 6.

3. Fixaient.

4. Expressions imagées, comme l'explique la réponse suivante : ressuscité, Jésus ne souffre plus et ne peut à proprement parler être réduit à l'impuissance. Mais le pécheur s'oppose à ce que Jésus habite et agisse en lui.

Leçon III
De la dignité du chrétien, en qui Jésus-Christ habite pour l'animer de ses mêmes mœurs et sentiments, en un mot, de sa même vie

Un chrétien, c'est un Jésus-Christ vivant sur la terre.

D. Jésus-Christ donc habite en nous ?

R. Oui, il habite par la foi dans nos cœurs, comme le dit saint Paul après notre Seigneur même [1].

D. Ne m'avez-vous pas dit que le Saint-Esprit s'y rencontrait aussi ?

R. Oui, il y est avec le Père et le Fils et y répand, comme nous avons dit, les mêmes sentiments, les mêmes inclinations, les mêmes mœurs et les mêmes vertus de Jésus-Christ.

D. Un chrétien est donc quelque chose de grand ?

R. Il n'y a rien de plus grand, de plus auguste et de plus magnifique ; c'est un Jésus-Christ vivant sur terre.

D. Bien malheureux est celui qui perd ces grands trésors par le péché mortel ! Mais venons au particulier.

---

1. Jn 14, 19 ; Ep 3, 17.

R. Je le veux bien.

D. Vous dites que Jésus-Christ habite en nous, et que nous sommes oints de l'onction dont il est oint [1] lui-même, à savoir, du Saint-Esprit, et qu'il répand en nous ses mœurs, ses inclinations, ses sentiments : d'où savez-vous cela ?

R. Saint Paul veut que nous ayons en nous les mêmes sentiments que Jésus-Christ avait, lequel s'est anéanti et humilié sur la croix, quoiqu'il fût égal à son Père [2].

D. Que veut dire cela, avoir en soi les mêmes sentiments de Jésus-Christ ?

R. C'est avoir en son cœur et en son âme les mêmes désirs d'être, par exemple, anéanti et crucifié comme Jésus-Christ.

D. Faut-il avoir ces désirs en la même perfection qu'il les avait ?

R. Je ne dis pas cela. Je dis seulement qu'il les faut avoir semblables, quoique non pas égaux.

D. Pouvons-nous même en avoir de semblables ?

R. Oui.

D. Par quel moyen ?

R. Par la vertu du Saint-Esprit, qui peut donner des inclinations toutes contraires et opposées à celles que nous avons dans la chair par notre naissance d'Adam.

[P. 14-15.]

---

1. L'Église appelle le Saint-Esprit *onction spirituelle*.
2. Ph 2, 5.

Leçon VIII
De la régénération du baptême, où Dieu est notre père, nous communiquant sa vie divine

D. Qu'est-ce à dire que notre âme est régénérée par le baptême ?

R. C'est-à-dire qu'elle reçoit des inclinations et des impressions toutes nouvelles et différentes de celles de sa première génération.

D. Comment cela ?

R. C'est que, par la première génération, l'âme avait des inclinations malheureuses qui la portaient toute au péché, toute à la terre et aux créatures. Au contraire, par la régénération du baptême, elle reçoit de nouvelles impressions et des inclinations toutes diverses, qui la portent à l'amour de Dieu et à sa religion, à la séparation des créatures et à la recherche des choses du ciel.

D. Depuis le baptême, l'homme n'est donc plus notre père, ni la chair notre mère ?

R. Non, et nous ne devons plus suivre leurs mauvaises inclinations.

D. Par le baptême, Dieu est-il notre père ?

R. Oui, nous appelons Dieu notre père, et il l'est en vérité, parce que, dans le baptême, il nous communique par son Saint-Esprit sa nature et sa vie divine [1]... En cette

1. 2 P 1, 4 ; 1 Jn 3, 1.

génération le Père éternel est notre Père, qui nous communique ses inclinations, ses sentiments, sa sainteté, par
la vertu de son Esprit qu'il nous donne, et qui est en nous
le principe de la vie sainte et divine, qui éclate en suite
de nos œuvres semblables à celles de Dieu, qui le font
glorifier sur la terre...

[P. 22-23.]

Leçon XX
De la grâce qu'opèrent en l'âme les mystères de notre Seigneur, auxquels il faut participer ; et premièrement du saint mystère de l'Incarnation et de la grâce qu'il donne

Le mystère de l'Incarnation opère en nous la grâce de nous oublier nous-même et de revêtir Jésus-Christ, afin de vivre en tout pour la gloire du Père.

D. Pour être parfait chrétien, suffit-il d'avoir les dispositions que vous m'avez marquées jusqu'ici ?

R. Non. Car de plus il faut que les chrétiens participent à tous les mystères de Jésus-Christ qui se sont passés exprès en lui pour être des sources de grâces, très grandes et très particulières en son Église.

D. Chaque mystère a-t-il acquis quelque grâce spéciale à l'Église ?

R. Oui. Chaque mystère a acquis à l'Église la grâce sanctifiante et diversité d'états et de grâces particulières que Dieu répand dans les âmes épurées, quand il lui plaît, et plus ordinairement dans le temps de la solennité des mystères.

D. Combien y a-t-il de mystères principaux auxquels l'âme peut participer ?

R. Elle doit participer généralement à tous, mais principalement à six, qui sont l'Incarnation, le crucifiement, la mort, la sépulture, la Résurrection et l'Ascension.

D. Quelle grâce opère en nous le mystère de l'Incarnation ?

R. La grâce d'anéantissement à tout propre intérêt et à tout amour propre.

D. Qu'est-ce à dire, anéantissement à tout intérêt et amour ?

R. C'est-à-dire que, comme par le saint mystère de l'Incarnation, l'humanité sainte de notre Seigneur a été anéantie en sa propre personnalité [1], de sorte qu'elle ne se cherchait [2] plus [elle] n'avait plus d'intérêt particulier [3], [elle] n'agissait plus pour soi, ayant en soi une autre personne substituée, à savoir celle du Fils de DIEU, qui recherchait seulement l'intérêt de son Père qu'il regardait toujours et en toutes choses, de même nous devons être anéantis à tous propres desseins et à tous propres intérêts, et n'avoir plus que ceux de JÉSUS-CHRIST qui est en nous afin d'y vivre pour son Père : « Comme mon Père qui m'a envoyé est vivant, et que je vis par mon Père, de même celui qui me mange vivra aussi par moi [4]. » « De même que mon Père, lorsqu'il m'a envoyé, m'a coupé toute racine de recherche de moi-même, en m'ôtant la personne humaine et en <y> substituant une divine avec son Esprit pour me faire vivre

---

1. Jésus possède à la fois nature humaine et nature divine, mais subsiste dans l'unique Personne du Verbe.

2. Se recherchait.

3. C'est-à-dire : était désintéressée.

4. « *Sicut misit me vivens Pater et ego vivo propter Patrem, et qui manducat me, et ipse vivet propter me* » (Jn 6, 57).

ainsi pour lui, ainsi, quand vous me mangerez, vous vivrez tout pour moi et non pour vous, à cause que je serai vivant en vous et que je remplirai votre âme de mes désirs et de ma vie qui consumera et anéantira tout le propre [1] qui est en vous, si bien que ce sera moi qui vivrai et désirerai tout en vous, au lieu de vous : et ainsi anéantis en vous-mêmes, vous serez tout revêtus de moi. »

D. Ce revêtement de notre Seigneur est-il une seconde grâce du mystère de l'Incarnation ?

R. Oui. Car, outre que le mystère de l'Incarnation, à proprement parler, opère en nous un dépouillement et un renoncement à tout nous-même : « Qu'il se renonce à lui-même [2]. », il opère de plus un revêtement de notre Seigneur par une consécration totale à DIEU. Ainsi qu'au jour de l'Incarnation notre Seigneur se dévoua [3] et dédia tout à son Père [4], en soi et en tous ses membres, faisant usage en son Esprit de toutes les occasions que lui et tous ses membres auraient jamais de servir et de glorifier DIEU.

D. Au très saint jour de l'Incarnation, notre Seigneur JÉSUS-CHRIST a-t-il offert à DIEU son Père toute sa vie et celle de tous ses membres ?

R. Oui. Il les a offertes et il continue encore cette même offrande. Il est toujours vivant dans les mêmes dispositions qu'il a eues pendant toute sa vie [5], il ne les interrompt jamais ; et il s'offre toujours à Dieu, en soi et

---

1. C'est-à-dire : l'amour-propre.
2. « *Abneget semetipsum.* » (Mt 16, 24).
3. Au sens du latin *devoveo*: « se donna, se sacrifia ».
4. Voir He 10, 5 ; ce verset présente l'Incarnation comme l'offrande de soi que fait Jésus entrant dans le monde.
5. Voir He 7, 25.

en tous ses membres, dans toutes les occasions qu'ils ont de le servir, de l'honorer et de le glorifier. Notre Seigneur en sa Personne divine [1] est un autel sur qui tous les hommes sont offerts à DIEU, avec toutes leurs actions et souffrances. C'est cet autel d'or [2] sur qui [3] se consomme tout parfait sacrifice : la nature humaine de JÉSUS-CHRIST et celle de tous les fidèles en sont l'hostie ; son Esprit en est le feu ; et DIEU le Père est celui à qui on l'offre et qui y est adoré en esprit et en vérité [4].

[P. 45-47.]

---

1. Le Christ est prêtre et autel en tant qu'homme : l'autel fait partie des créatures. Mais cet autel est consacré par sa Personne divine.
2. Ap 8, 3.
3. Lequel.
4. Jn 4, 23.

Leçon XXV
Du mystère de l'Ascension, de sa grâce et de son état, qui est l'état des parfaits

> *« Entré dans la splendeur de Dieu son Père », Jésus nous envoie le Saint-Esprit qui nous unit parfaitement et intimement à Dieu.*

D. Qu'est-ce donc que l'état et la grâce du saint mystère de l'Ascension ?

R. C'est un état parfait de consommation en DIEU ; c'est un état de triomphe et de gloire achevée ; c'est un état où il ne paraît plus rien d'infirme.

D. Paraissait-il encore quelque infirmité en notre Seigneur JÉSUS-CHRIST après sa résurrection ?

R. Il en avait encore quelques marques et semblait se dépouiller quelquefois de la gloire parfaite de sa consommation et de sa totale ressemblance à DIEU son Père ; il rendait encore sa nature palpable et visible aux yeux de ses apôtres [1] ; il était encore mangeant avec eux, mais au jour de son Ascension, sa gloire ne souffre plus d'inter-

---

1. Lc 24, 39. Pour Olier, il s'agit là d'une « infirmité » à laquelle le platonisme de ses maîtres l'a rendu sensible : Jésus accepte la condition d'une connaissance par les sens, connaissance qui implique une certaine passivité et demeure imparfaite.

ruption ni de suspension [1], l'éclat n'en est plus suppor-
table aux yeux des hommes ; étant entré en la splendeur
de DIEU son Père, il demeure caché dans son sein, il ne
tombe plus sous nos sens ; et quoiqu'il y conserve les
qualités de la nature humaine, il ne les assujettit plus à
notre infirmité, il y est esprit vivifiant [2], étant parfaitement entré en la vertu et en la nature de son Père, glorieux, spirituel, tout-puissant ; ce qui fait même qu'étant
entré en ses états intérieurs et intimes, il envoie avec lui
son Saint-Esprit ; il entre [3] en la fécondité et en l'unité
du Père pour donner son Esprit au-dehors ; et comme le
Verbe éternel et infiniment un avec son Père, par un principe intérieur et identique [4], produit le Saint-Esprit avec
lui et en lui, de même JÉSUS-CHRIST notre Seigneur qui
est extérieur à Dieu par sa nature humaine, se réunissant
à lui et rentrant dans l'unité parfaite avec lui, produit le
Saint-Esprit et avec lui l'envoie hors de lui à ses apôtres,
ce qui est la merveille admirable de la divine Ascension.

Et de là vient qu'une âme qui entre en cet état de
la divine Ascension de notre Seigneur JÉSUS-CHRIST,
reçoit, comme dit l'Église, la participation de la divinité,
selon le désir que, dans l'Écriture sainte, DIEU témoigne
avoir que nous soyons « faits participants de la nature
divine [5] ».

---

1. Arrêt provisoire.
2. 1 Co 15, 45.
3. Plus exactement, comme la suite va le montrer, il fait entrer sa nature
humaine.
4. « Le Saint-Esprit procède éternellement du Père et du Fils, non pas
comme de deux principes, mais comme d'un seul principe » (concile de
Lyon, 1274).
5. Une note marginale cite la Préface de l'Ascension : « *Est elevatus in
coelum ut nos Divinitatis suae tribueret esse participes.* » « Il fut élevé au
Ciel pour nous donner de participer à sa Divinité » (voir 2 P 1, 4).

État admirable de l'âme intérieurement rendue conforme et entièrement semblable à DIEU et, comme disent les saints, parfaitement déiforme, c'est-à-dire toute ardente d'amour et lumineuse de la clarté de DIEU !

L'âme en cet état ne déchoit plus de l'union ou de l'unité en DIEU pour descendre à la bassesse de l'infirmité humaine. Vous ne la voyez plus épanchée en passion et en amour-propre. Elle n'admet plus en son fond la transformation en la créature. Elle ne laisse plus prendre racine en elle à l'amour des choses périssables qui fait qu'on se transforme en la créature, qu'on se voit en elle et qu'on la voit en nous et qu'ainsi on déchoit de cette parfaite ressemblance à DIEU et à JÉSUS-CHRIST monté au ciel, où étant tout transformé et consommé en son Père, il nous attire avec lui à la transformation et consommation en DIEU. C'est pourquoi il disait à sainte Madeleine : « Ne me touche point, car je ne suis pas monté à mon Père [1] » ; « Attends que je sois dans l'état où je t'attirerai en mon Père » et à la transformation et consommation en lui.

Et c'est ce qu'il fait au très saint sacrement, où étant entré en sa vertu, il consomme et transforme en lui les âmes : « Tu ne me changeras pas en toi, c'est toi qui seras changé en moi [2]. » L'âme en l'état de la Résurrection doit craindre l'attache [3] et même l'approche des créatures, de peur de déchoir, de se laisser transformer en elles et de devenir participante de leur profanation [4].

---

1. Jn 20, 17.
2. « *Non me mutabis in te, sed tu mutaberis in me* » (Augustin, *Confessions*, VIII, 10).
3. Attachement.
4. Quitter Dieu pour quelque créature que ce soit est déchoir et profaner le Temple de Dieu qu'on devrait demeurer.

D. L'état de la sainte Ascension est donc l'état des parfaits ?

R. Oui. C'est l'état des âmes parfaites et consommées intérieurement en DIEU, dans l'être duquel elles sont passées par la vertu d'une union parfaite et très intime.

D. Oh, l'état admirable !

R. Oui. C'est pour cela qu'on appelle cette sainte Ascension de notre Seigneur « admirable [1] », qui cause aux âmes des états de sainteté inconcevables...

[P. 51-53.]

---

1. Une note marginale cite l'invocation tirée des *Litanies des saints*: « Par ton admirable Ascension, délivre-nous. »

Seconde partie

D'UN MOYEN PRINCIPAL
POUR ACQUÉRIR
ET CONSERVER L'ESPRIT CHRÉTIEN

Leçon I
Qu'un moyen principal est la prière,
à quoi il faut porter l'humilité et la confiance.
De quelques motifs de cette confiance

> *Prier « en l'Esprit de Jésus-Christ »,*
> *avec humilité et confiance, est un des*
> *principaux et des plus efficaces moyens*
> *pour acquérir et conserver l'esprit*
> *chrétien.*

Demande. Après m'avoir enseigné en quoi consiste l'esprit chrétien, vous plairait-il de me donner quelque moyen pour l'acquérir et pour le conserver ?

Réponse. Un des principaux et <des> plus efficaces est la prière. Car notre Seigneur assure dans l'Évangile que DIEU notre Père donnera l'esprit bon, c'est-à-dire l'esprit chrétien à ceux qui le lui demanderont [1].

---

1. Lc 11, 13.

D. Faites-moi donc la grâce de m'enseigner la méthode que je dois garder en la prière.

R. Il faut premièrement y porter des dispositions semblables à celles que notre Seigneur avait lui-même et qu'il a enseignées à ses disciples. Il faut nous adresser en toute humilité et confiance au Père éternel, comme il s'y adressa lui-même dans ses belles prières couchées en saint Jean [1] et comme il nous apprend encore dans le *Pater*.

D. Qu'entendez-vous par le mot d'« humilité » ?

R. J'entends premièrement un sentiment de confusion pour notre indignité causée par nos péchés que DIEU ne peut souffrir : « Vous n'êtes point un DIEU qui aimiez l'iniquité », lui dit le psalmiste [2].

Et souvenons-nous de cette autre parole : « DIEU n'exauce point les pécheurs [3]. »

Secondement, j'entends par l'humilité ce même sentiment de honte et de confusion, qui vient de notre incapacité de prier. Car la prière est un acte surnaturel qui ne se peut faire sans <la> grâce ; et l'homme par soi-même est un pur néant [4] de grâce et ainsi il est [du] tout incapable de prier.

D. Comment peut-on donc prier avec confiance ?

R. DIEU y a pourvu ; et je vais vous apprendre le secret de la confiance, qui est si glorieux à DIEU et si utile à l'Église. Après que l'on s'est tenu quelque temps dans ce sentiment d'humilité dont je vous ai parlé, il faut se recueillir en l'Esprit de JÉSUS-CHRIST qui est dans le cœur de tous les enfants de l'Église, pour les élever à la

---

1. Jn 17.
2. Ps 5, 5.
3. Jn 9, 31.
4. Au sens d'absence.

prière, comme le dit saint Paul : « Vous avez reçu l'esprit d'adoption des enfants par lequel nous crions : Mon Père, mon Père [1]. »

C'est-à-dire qu'en cet Esprit nous prions avec confiance, ce qui est marqué par ce nom de Père qui est répété deux fois : « Abba, Père », et par la clameur avec laquelle nous prenons la liberté de pousser nos prières vers lui : « Nous crions [2] » : car cela exprime la fermeté de la confiance et la force du zèle, avec lesquelles nous demandons [3] à Dieu tous nos besoins pour sa gloire. À quoi j'ajouterai encore ce que saint Paul dit en un autre endroit : que « l'Esprit demande pour nous avec des gémissements inénarrables [4] ».

D. Que veut dire cela ? Car je n'avais jamais ouï dire que le Saint-Esprit gémît ?

R. C'est par mystère [5] qu'il est dit que le Saint-Esprit pleure, car toutes les paroles de l'Écriture sont mystérieuses. Et c'est-à-dire que, quand on prie dans l'union de l'Esprit, on obtient plus qu'avec tous les gémissements et toutes les larmes imaginables. Et j'ajouterai encore à ceci que notre Seigneur qui habite en nous et qui fait les fonctions du Saint-Esprit, « rempli d'un esprit vivifiant [6] » est appelé par David en esprit [7] de prophétie « hostie de vocifération [8] ».

---

1. « *Accepistis spiritum adoptionis filiorum, in quo clamamus : Abba, Pater* » (Rm 8, 15).
2. « *Clamamus.* »
3. Faisons connaître, exprimons.
4. Rm 8, 26.
5. Au sens de « langage symbolique » (comme *sacramentum*) ; les paroles de l'Écriture sont « mystérieuses » parce qu'elles se comprennent à plusieurs niveaux de signification.
6. « *Factus est in spiritum vivificantem* » (1 Co 15, 45).
7. C'est-à-dire inspiré de manière à prophétiser.
8. Ps 27, 6.

D. Que veut dire ce mot « hostie de vocifération » ?

R. Le prophète parle par allusion aux clameurs et au grand bruit que faisaient les animaux dans le Temple, qui étaient la figure de JÉSUS-CHRIST sur la croix et dans nos cœurs. Or il est dit de notre Seigneur qu'il pria pour nous « avec profusion de larmes et avec de puissants cris [1] ».

D. Que signifiait cela en notre Seigneur ?

R. Cela montrait la tendresse de son amour envers nous et la force et vertu de son zèle en ses prières.

D. Notre Seigneur JÉSUS-CHRIST fait-il le même [2] dans nos cœurs ?

R. Oui. Il le fait partout où il est, et dans nos cœurs, et dans le saint sacrement, et dans le sein de son Père. Et en voici la raison : ce que le Saint-Esprit a commencé une fois dans le cœur de JÉSUS, il l'a continué pendant toute sa vie et le continuera toute l'éternité [3]. Les opérations de sainteté dans le cœur de JÉSUS sont éternelles, comme celles de tous les saints en paradis. Et le grand secret du christianisme et tout le sujet de la confiance des enfants de DIEU consiste en ce que JÉSUS-CHRIST nous est toutes choses, comme le dit saint Paul [4]. Il est notre prière, notre humilité, notre patience, notre charité, etc.

Voici donc les dispositions qu'il faut avoir pour la prière et l'ordre que nous y devons tenir. Il faut se présenter à DIEU notre Père qui est toujours plein de charité et qui nous dit par un prophète : « Je vous ai aimé d'un

---

1. He 5, 7.

2. Nous dirions : « la même chose ».

3. Assertion capitale pour la méditation des états et des « mystères » de Jésus : elle justifie que l'on contemple aujourd'hui ce que les évangélistes situent dans le passé.

4. Col 3, 11 et 1, 17.

amour continuel [1]. » Et quoique nos péchés nous rendent indignes de paraître devant lui, si toutefois nous nous unissons à JÉSUS-CHRIST notre indignité est couverte devant son Père, lequel sent le parfum des habits de son Fils aîné JÉSUS-CHRIST notre Seigneur, qui comme un autre Ésaü nous couvre ainsi que des Jacob [2]. Il faut donc, après s'être tenu quelque temps dans des sentiments d'humilité, entrer en JÉSUS-CHRIST comme <en> notre prière [3] et s'unir à lui comme <à> notre avocat (1 Jn 2, 1), et ensuite animés de cet Esprit, rendre à Dieu tous nos devoirs et lui demander [4] tous nos besoins. Et pour vous le dire en un mot, ce que je crois de [5] principal en la prière, après l'humilité et la douleur de ses péchés, est d'y venir armés de confiance et de foi parfaite, fondée sur ces paroles de notre Seigneur : « Ce que vous demanderez à mon Père en mon nom » et en ma vertu, « il vous l'accordera [6] ». Car en effet nous voyons en l'Apocalypse [7] que notre Seigneur paraît devant son Père, comme un Agneau debout et qui semble être mort, ce qui signifie qu'il est toujours devant le trône de son Père, revêtu des armes de sa Passion, lui demandant pour nous par ses divins mystères tout ce dont nous avons besoin, et lui disant en sa prière, comme David : « Souvenez-vous de David et de toute sa douceur [8]. »

---

1. Jr 31, 3.
2. Gn 27, 27.
3. He 7, 25.
4. Voir p. 155 n. 3.
5. Pour « le ».
6. Jn 16, 23.
7. Ap 5, 6.
8. « *Memento, Domine, David et omnis mansuetudinis eius* » (Ps 131, 1).

«Mon DIEU, souvenez-vous de toute la douceur et patience que j'ai eues en ma mort ; je vous conjure par toute ma vie pénitente [1] d'avoir pitié de mes enfants.»

[P. 54-57.]

---

1. En rigueur de termes, Jésus n'est pas «pénitent» pour lui-même, mais il «satisfait» pour les pécheurs.

Leçon VIII
La méthode de l'oraison

> *On ne saurait assez parler de l'orai-*
> *son : elle est l'action la plus impor-*
> *tante de la vie des chrétiens.*

> *Olier expose ici, à l'usage de tous, avec simpli-*
> *cité et profondeur, comment s'y appliquer.*

D. Après avoir renoncé à soi-même et purifié mon cœur au commencement de l'oraison, et après m'être uni en esprit à notre Seigneur, que faut-il que je fasse ?

R. Vous avez deux choses à faire, comme nous l'enseigne l'oraison dominicale, et que nous vous expliquerons plus amplement ailleurs. La première est d'adorer, de louer et de glorifier DIEU. La seconde est de lui demander [1] nos besoins.

D. Sont-ce là les deux parties de l'oraison ?

R. Oui. La première s'appelle l'adoration ; la seconde, la communion.

---

1. Voir p. 155, n. 3.

D. Pourquoi commencez-vous par l'adoration ?

R. Premièrement, parce que, des deux fins qu'a l'oraison, la première et la principale est d'honorer et de glorifier DIEU.

Secondement, parce que la sainte Église le pratique ainsi au commencement de ses prières publiques, disant : « Venez, adorons, et prosternons-nous devant DIEU [1]. »

D. Pourquoi appelez-vous cette première partie « adoration » ?

R. Parce que le mot « adoration » dans l'Écriture sainte est pris [2] souvent pour celui de « religion », qui signifie une vertu chrétienne, laquelle porte l'âme à l'anéantissement, à l'admiration, aux louanges, aux remerciements, à l'amour, en un mot, à toutes sortes de devoirs et d'hommages que nous devons rendre à la souveraine Majesté de DIEU en cette première partie de l'oraison.

D. Pourquoi appelez-vous la seconde partie « communion » ?

R. Parce qu'en cette partie on se donne à DIEU pour entrer en participation de ce qu'il est et dont il veut nous animer. Or la participation et la communication que DIEU donne de ses dons et de ses perfections est appelée proprement « communion », et surtout par les Pères grecs, parce que par elle DIEU nous rend ses richesses communes. La participation au Corps de JÉSUS-CHRIST s'appelle communion sacramentelle, parce que ce sacrement nous rend les biens de JÉSUS-CHRIST communs et nous communique ses plus grands dons. La participation qui se fait dans l'oraison s'appelle communion spiri-

---

1. « *Venite, adoremus et procidamus ante DEUM* » (Invitatoire de matines).
2. Employé.

tuelle, à cause des dons que Dieu y communique par la seule opération intime de son Esprit. L'âme qui expérimente quelque opération secrète en son cœur se doit tenir en repos et en silence pour recevoir toute l'étendue des dons et des communications de Dieu, sans vouloir opérer par soi-même, ni faire des efforts qui troubleraient les opérations pures et saintes de l'Esprit divin en elle.

D. N'y a-t-il que ces deux parties dans l'oraison ?

R. On y ajoute une troisième partie que les uns appellent les résolutions et qu'on peut nommer plus proprement la coopération, qui est le fruit de l'oraison et qui s'étend à toute la journée.

D. Vous plairait-il de m'expliquer <ce> que veut dire « coopération » et en quoi elle consiste ?

R. Après s'être exercé dans la seconde partie de l'oraison en un désir parfait d'imiter notre Seigneur sur ce que l'on a adoré en lui en la première, et après lui en avoir plusieurs fois demandé la grâce et s'être tenu longtemps en sa présence, comme un pauvre mendiant qui ne se lasse jamais de faire connaître ses besoins et de tendre la main vers ceux qui peuvent le secourir, la troisième partie consiste à correspondre et coopérer fidèlement à la grâce qu'on aura reçue, faisant de bons propos, prévoyant les occasions que l'on aura de les exécuter dans la journée et s'abandonnant parfaitement à la vertu de l'Esprit de notre Seigneur Jésus-Christ, pour lui obéir non seulement dans le jour présent, mais encore dans la suite de sa vie.

D. Quelle différence mettez-vous entre la coopération et les résolutions ?

R. C'est la même chose ; mais ce mot de « coopération » marque plus expressément la vertu du Saint-Esprit, duquel nous dépendons bien plus dans les bonnes œuvres que de notre volonté qui ne pourrait rien, si elle n'était émue [1] et fortifiée de la vertu du Saint-Esprit. Et au contraire, le mot de « résolution » marque plus expressément la détermination de notre volonté, et semble moins donner à la vertu et au pouvoir efficace de l'Esprit, à qui pourtant il faut demeurer tout abandonné, afin qu'ensuite il agisse en nous dans les occasions, qu'il nous fasse souvenir de ses desseins et qu'il nous donne l'amour et la force de les accomplir. Si bien que l'on doit conclure l'oraison par un délaissement [2] et par un abandon total de soi-même au Saint-Esprit qui sera notre lumière, notre amour et notre vertu.

[P. 71-74.]

---

1. Mise en mouvement.
2. Abandon, remise.

Leçon IX
Que nous pouvons prier Dieu,
encore bien que nous ne le connaissions pas
parfaitement, et que nous ne sachions pas
même tous nos propres besoins ;
et que notre Seigneur n'est pas seulement
médiateur de rédemption, mais aussi de religion

> *Jésus en l'âme, l'âme en Jésus, tous deux font la prière, qui est le fruit principal de l'alliance du Saint-Esprit de Jésus avec nos âmes.*

D. J'ai bien retenu ce que vous m'avez enseigné dans la leçon précédente, que les deux choses à faire dans la prière sont d'adorer et de glorifier Dieu, et ensuite de lui demander nos besoins ; mais j'ai là-dessus quelques difficultés à vous proposer : car comment pourrais-je glorifier Dieu en mon âme, moi qui ne le connais pas ?

De plus, je ne connais pas même les choses qu'il me faut demander à Dieu pour le bien de mon âme.

R. Vous dites bien ; et ce sont là les raisons pour lesquelles notre Seigneur s'est voulu faire la prière de son Église en général et en particulier. Il dit lui-même que

« personne ne connaît le Père, sinon le Fils [1] » ; cela manifeste le peu de connaissance que nous avons de Dieu. Saint Paul dit d'un autre côté : « Nous ne savons pas ce que nous devons demander [2] » ; nous ne saurions connaître ce qui nous est bon, et ce que nous devons demander. Et non seulement votre ignorance de Dieu et de vos besoins vous empêche de prier, mais de plus vous manquez de force et de vertu pour pouvoir demander en vous. Or saint Paul vous apprend que l'Esprit de Jésus-Christ doit être le supplément de votre ignorance et de votre infirmité. « L'Esprit de Dieu, dit-il, soulage notre faiblesse ; car nous ne savons pas ce que nous devons demander, ni la manière de le demander ; mais c'est l'Esprit même qui demande pour nous, avec des gémissements que nous ne saurions exprimer. Or celui qui sonde les cœurs connaît ce que l'Esprit désire, et qu'il prie selon Dieu pour les saints [3]. » Ainsi vous n'avez qu'à vous unir à cet Esprit divin de Jésus-Christ, et notre Seigneur, qui vit en vous, suppléera à tout ce qui vous manque, puisqu'il y vient habiter pour ce dessein.

D. Le moyen de s'unir au Saint-Esprit de Jésus-Christ ?

R. Le Saint-Esprit de Jésus est en vous comme époux de votre âme, qui n'attend que vos désirs et votre volonté ; donnez-vous donc à lui, pour prier par lui et en lui, il sera votre prière. Notre Seigneur, en qualité de médiateur de religion, est prière publique pour lui et pour toute l'Église ; mais l'Église ne prie pas en lui, si elle ne se lie à lui : il faut qu'elle fasse ce pas en la grâce de Jésus-Christ, et qu'elle se donne au Saint-Esprit de Jésus,

---

1. Mt 11, 27.
2. « *Quid oremus, sicut oportet, nescimus* » (Rm 8, 26).
3. Rm 8, 26-27.

comme l'Esprit Saint de Jésus se donne à elle [1]. Dans le mariage spirituel, il faut un don et un consentement mutuel des esprits ; Jésus en l'âme, l'âme en Jésus, tous deux font la prière, qui est le fruit principal de l'alliance du Saint-Esprit de Jésus avec nos âmes ; si bien que nos prières sont comme les enfants de ce mariage spirituel ; et si vous demandez à qui est la prière, c'est à l'âme en Jésus, et à Jésus en l'âme ; et d'en vouloir savoir davantage, c'est vouloir violer le secret de Jésus-Christ en nous, et vouloir pénétrer dans un mystère qu'il veut tenir caché, aussi bien que celui des opérations du Père dans le Fils, et du Fils dans le Père. À qui appartiennent les œuvres de Jésus ? est-ce au Père, ou au Fils ? Elles sont et du Père et du Fils, et Dieu ne veut pas que la créature y cherche de distinction ; c'est assez de savoir que Jésus les fait en son Père, et le Père en Jésus et avec Jésus.

D. Permettez-moi que je vous interrompe. Vous m'avez dit là un mot que je n'avais jamais ouï dire, que notre Seigneur était médiateur de religion.

R. Il est vrai que, comme l'on dit ordinairement, notre Seigneur est le médiateur de notre rédemption, parce qu'il a offert son sang à Dieu le Père par le Saint-Esprit pour notre salut, et qu'il a donné sa vie pour la nôtre, qui n'était pas capable de nous racheter ; ainsi il a été le supplément de notre principale dette, satisfaisant à Dieu pour nos péchés par sa mort, qui seule était capable de satisfaire à la justice de Dieu. Mais ce n'était pas assez : nous étions reliquataires [2] à Dieu d'un million de devoirs religieux que nous étions incapables de lui

---

1. Voir Rm 5, 5.
2. Redevables.

rendre par nous-mêmes, comme de l'adorer, et de l'aimer, de le louer et de le prier ainsi qu'il le mérite, et que nous y sommes obligés : « Le Seigneur est grand et infiniment louable [1]. » Nous avions besoin que le grand Maître par sa charité servît encore de supplément à nos devoirs et qu'il fût le médiateur de notre religion ; et pour cela, il a voulu revivre après sa mort, et être toujours vivant, « pour intercéder pour nous [2] » dit saint Paul : c'est-à-dire, pour louer et prier son Père en notre place et à notre défaut. Jésus-Christ a fait cela dans la Loi, il le fait dans l'Église, et il le fera encore dans le ciel ; « Jésus-Christ, dit l'Apôtre, était hier, il est encore aujourd'hui, et il sera dans tous les siècles [3] ». Par ce mot hier, il entend la Loi : « Mille ans sont comme le jour d'hier qui est passé [4] » : les siècles de la Loi ne sont que comme un jour passé. *Aujourd'hui*, c'est le temps de l'Église présente. *Et dans tous les siècles*, c'est l'éternité, dans laquelle Jésus-Christ sera le supplément des créatures et le médiateur de notre religion.

[P. 74-76.]

---

1. « *Magnus Dominus, et laudabilis nimis* » (Ps 95, 4).
2. « *Ad interpellandum pro nobis* » (He 7, 25).
3. « *Jesus Christus heri, et hodie, ipse et in saecula* » (He 13, 8).
4. « *Mille anni tanquam dies hesterna quae praeteriit* » (Ps 89, 4).

Leçon X
Suite de l'explication de la vérité précédente...

D. La dernière instruction que vous m'avez donnée m'invite bien à m'unir à notre Seigneur Jésus-Christ, sachant qu'il le désire, qu'il est en nous pour ce sujet, et qu'il n'attend que notre consentement et notre recherche. Nous serions bien malheureux, si, ressentant la charité qui nous attire à lui dans le fond de nos cœurs, nous ne nous y laissions aller, et si nous n'y répondions pas. Et je crois que c'est pour cela qu'il y a des saints qui ont moins appréhendé les jugements de Dieu pour leurs péchés, que pour leurs infidélités aux attraits de la grâce, ayant ainsi contristé si souvent le Saint-Esprit, et privé Dieu de beaucoup d'honneur qui lui était dû, et que le Saint-Esprit prétendait de lui faire rendre en nous et par nous. Et c'est peut-être encore pour cela que sainte Catherine de Sienne s'accusait des péchés de tout le monde, et disait que par ses infidélités à la grâce, et à faute d'avoir obéi au Saint-Esprit, qui l'appelait souvent à la louange et à la prière, et qui eût opéré en elle beaucoup de sacrés mouvements, capables d'apaiser Dieu et d'attirer sur les pécheurs sa miséricorde, et ensuite la visite de ses grâces efficaces et triomphantes, elle avait privé le monde de beaucoup de secours. Je suis tout confus en vous disant ceci ; car j'ai bien sujet de demander un million de pardons pour mes infidélités, et je vous prie de le demander aussi à Dieu pour moi, et d'apaiser ses jugements, que j'appréhende beaucoup.

R. Je loue Dieu de ce qu'il vous donne des sentiments si chrétiens et si conformes à ceux qu'il a donnés à ses saints ; et pour vous confirmer davantage en cette vérité qui vous les a fait naître, que notre Seigneur n'est pas seulement médiateur de rédemption, mais aussi de religion, j'ajouterai que nous en avons une figure dans le prêtre de l'ancienne loi, qui entrait dans le Saint des saints portant le sang des victimes immolées, et un encensoir fumant (Lv 16 ; He 9) qui représentait les enfants de l'Église en leurs prières, figurés par les grains d'encens qui étaient consumés par le feu, comme nos cœurs le sont par l'amour et par la charité de Jésus-Christ, notre consommateur. Vous voyez par là la résolution d'une difficulté des hérétiques, qui se moquent du commun du peuple et des saintes religieuses de l'Église, qui chantent en latin, comme s'ils psalmodiaient sans fruit dans un langage qu'ils n'entendent pas ; car l'âme allant à la prière n'a d'autre chose à faire qu'à s'unir à Jésus-Christ, qui est la prière et la louange de toute l'Église ; si bien que l'âme étant unie à notre Seigneur, et consentant de cœur à toute la louange qu'il rend à son Père et à toutes les demandes qu'il lui fait, elle n'est pas sans fruit ; au contraire, elle fait bien davantage que si elle priait en son esprit propre, et qu'elle voulût se mêler d'adorer, d'aimer, de louer et de prier Dieu par elle-même et par ses propres actes. L'âme, par cette union, devient plus étendue que la mer ; elle devient étendue comme l'âme et comme l'Esprit de Jésus-Christ, qui prie dans toute l'Église ; et c'est le genre de prière qui se pratique au ciel, ainsi qu'on le voit dans l'Apocalypse [1], où

---

1. Ap 7, 12.

les saints ne font que dire *amen* aux prières de l'Agneau ; ce qui exprime l'union de leurs cœurs à Jésus-Christ leur prière ; et que, confessant leur incapacité pour louer Dieu en eux-mêmes, ils se perdent en Jésus-Christ pour dire à Dieu tout ce que Jésus-Christ lui dit, et en même temps tout ce que dit l'Église en lui. C'est à quoi aussi nous attirait le prophète David, quand il disait : « Venez, magnifions le Seigneur, et exaltons-le tous en la même prière [1]. » Il faut donc faire comme les enfants de la four-naise, qui magnifiaient Dieu par un même esprit, une même volonté et un même cœur [2], et avec les mêmes dis-positions et intentions de l'Esprit de Jésus-Christ ; car ce quatrième qui parut avec eux dans le feu est dit « sem-blable au Fils de Dieu [3] ».

[P. 76-78.]

---

1. « *Magnificate Dominum mecum, et exaltemus nomen ejus in idipsum* » (Ps 33, 4).
2. Dn 3, 51.
3. « *Similis Filio Dei* » (Dn 3, 93).

Leçon XI
Qu'on communie à la prière de Jésus-Christ
et encore à tous ses autres biens,
en se donnant et s'unissant à lui de cœur
et avec simplicité en l'oraison

Ce qui nous donne l'assurance d'être
uni à notre Seigneur Jésus-Christ et de
communier à sa prière, c'est de le cher-
cher en toute simplicité et de nous unir
en tout à lui par la foi et la charité.

D. Je suis bien convaincu qu'il est nécessaire de recourir à notre Seigneur Jésus-Christ pour faire quelque prière qui puisse être agréable à Dieu, et que cette prière est mille fois plus avantageuse et plus forte que si je la faisais moi seul. Et je vois bien qu'il n'importe pas en quelle langue on prie, pourvu que l'on soit uni à notre Seigneur Jésus-Christ, et que l'on communie à son Esprit et à sa prière. Mais il me reste deux petits doutes que vous me permettrez de vous proposer : premièrement, suis-je assuré que, me donnant à notre Seigneur Jésus-Christ, je communie à sa vertu et à la grâce de sa prière ? Secondement, comment est-ce que je pourrai savoir si je suis uni à lui ?

R. Pour répondre à votre première question, souvenez-vous que l'Écriture sainte dit qu'il n'y a qu'à chercher Dieu en simplicité de cœur [1] : sachez que notre Seigneur est en nous, qui nous attend les bras ouverts ; il n'y a qu'à le chercher en toute simplicité, et à se donner à lui pour faire toutes nos œuvres et nos prières avec lui, car il demeure en nous pour être l'hostie de louange de Dieu ; il nous considère comme ses temples pour le magnifier incessamment par nous, en nous et avec nous ; et il nous dit à tous par la bouche de David : « Magnifiez le Seigneur avec moi et exaltons son nom tous ensemble [2]. » Nous n'avons donc qu'à lui dire tout simplement : « Mon Seigneur Jésus-Christ, qui êtes ma louange [3], je me complais et me réjouis en toutes les louanges que vous donnez à Dieu votre Père, je m'unis et je me donne à vous, pour l'adorer et pour le prier par vous et avec vous ; je ne veux être qu'une hostie de louange avec vous pour glorifier Dieu à toute éternité. » Cela suffit, pourvu que nous ayons dans le cœur l'affection et le désir que nous lui témoignons par nos paroles ; et il est certain qu'alors nous communions à lui et à ses prières.

D. Mais cela est-il vrai ? m'en assurez-vous ?

R. Cela est vrai, et si vrai, que si vous faites ainsi dans la vraie et pure charité, je vous assure que vous en recevrez un fruit merveilleux. Or je vous dirai encore que cette vérité nous est assez marquée dans le Symbole des apôtres.

D. Je ne me souviens point de l'y avoir jamais lue.

---

1. Sg 1, 1.
2. Ps 33, 4.
3. Jr 17, 14.

R. Elle y est néanmoins ; mais vous ne l'entendez pas, et ne vous en apercevez pas quand vous le récitez ; elle est dans la troisième partie du Symbole, qui regarde la personne du Saint-Esprit et ses opérations dans l'Église : « Je crois au Saint-Esprit, la sainte Église catholique, la communion des saints » : c'est là le mot.

D. Je vous supplie de me le faire entendre ; car je ne le conçois pas encore. Je sais bien que le Saint-Esprit a formé l'Église catholique et remplit tous les cœurs des fidèles, et encore ceux des saints du paradis. J'ai bien entendu dire que le Saint-Esprit était le même qui remplissait les saints du ciel, et qui remplit les justes du monde, et que quand nous avions la charité, nous avions la même vie que les saints.

R. Le mot de « communion des saints » s'entend bien en partie comme vous le dites ; mais il a encore un autre sens : c'est-à-dire qu'il y a pour les fidèles une communion dans l'Église à toutes les choses saintes qui y sont contenues ; et que de même que l'on communie au sacré corps de Jésus-Christ et à son sang, ainsi l'on communie à son Esprit quand on en a la dévotion ; et non seulement à son Esprit, mais aussi à toutes les choses saintes que produit cet Esprit ; de même que lorsqu'on communie au très saint sacrement de l'autel, on ne communie pas seulement au précieux corps et au précieux sang de Jésus-Christ, mais encore à son Esprit et aux saintes opérations que cet Esprit répand dans l'intérieur de Jésus-Christ ; ce qui est un trésor inestimable, et que nous ne nous persuaderions jamais sans la foi. Ainsi en est-il à l'égard de l'intérieur admirable de la très sainte Vierge, de saint Joseph, de saint Jean ou de quelque autre saint ; car considérant, par exemple, l'intérieur tout divin de la très sainte Vierge, et les opérations de sainteté que l'Esprit de

Dieu y répandait, on se trouve souvent attiré à vouloir communier spirituellement au Saint-Esprit et aux grâces intérieures qu'il opérait dans cette très sainte âme ; ce qui est encore un trésor incompréhensible, qui ne sera jamais pénétré des créatures, Dieu en ayant réservé la connaissance à lui tout seul [1]. Vous voyez donc, par tout ce que je viens de vous dire, que vous pouvez communier à la prière de Jésus-Christ et aux autres opérations de son Esprit, quand il vous plaît, vous unissant à lui avec un simple acte de foi et de charité.

[P. 78-81.]

---

1. Il nous est impossible de comprendre l'intérieur de la très sainte Vierge, parce qu'il embrasse toutes les perfections de l'ordre surnaturel.

Leçon XII
Comment on pourra savoir que dans l'oraison on est uni à notre Seigneur Jésus-Christ.

Il en est de même pour l'oraison que pour la communion au corps et au sang de Jésus-Christ, c'est par « la simple foi et la seule charité », non par l'imagination et la sensibilité, que nous savons être unis à notre Seigneur.

D. Il vous reste à satisfaire, s'il vous plaît, à l'autre question et difficulté que je vous ai proposée tantôt : comme quoi l'on pourra savoir et sentir qu'on est uni à Jésus-Christ.

R. Cette difficulté sert d'occasion aux dévots de faire bien des fautes ; car ils veulent ordinairement sentir en eux les choses saintes et les opérations du Saint-Esprit, pour en être assurés. Or c'est une erreur commune dans la dévotion, et qui empêche le progrès des âmes en la piété. Sur quoi il faut que je vous donne un fondement certain, que je tire des paroles de mon Maître, qui est le vrai docteur de la dévotion et le père de la vie chrétienne et de la religion véritable. Il disait qu'il aurait des adorateurs en esprit et en vérité, lesquels adoreraient son

Père, qui est esprit, par les opérations du pur esprit [1], c'est-à-dire par la foi et par la charité : ce que saint Paul dit aussi, mais en d'autres termes, en parlant de la manière d'adorer des chrétiens, qui n'usent que de la foi et de la charité pour se porter à Dieu [2]. Il suit de là que, quand vous voudrez vous unir à notre Seigneur, vous n'aurez que faire de fantômes en votre imagination ni de lumières sensibles en votre esprit pour connaître que Jésus-Christ est en vous : vous devez vous contenter de la simple foi et de la seule charité, sans vouloir ressentir autre chose qui vous attire, ni aucune opération sensible en votre cœur. La pure charité avec la foi sont comme les deux animaux spirituels qui tirent le beau chariot de l'Église, dont nous avons parlé auparavant [3]. Et pour vous montrer encore qu'il ne faut point en votre intérieur de dispositions sensibles pour vous lier avec Jésus-Christ et pour communier à sa vie, ne voyez-vous pas qu'on ne vous en demande point en la communion au corps et au sang de notre Seigneur, pour participer à l'esprit et à la vie qu'il vous y donne ?

D. Il semble, à vous entendre parler, que ce soit principalement pour recevoir en soi l'Esprit, la vie et les vertus de notre Seigneur, que l'on communie à son corps et à son sang.

R. Vous avez raison : le corps et le sang précieux de notre Seigneur sont comme le véhicule qui nous porte son Esprit, pour nous faire participer à sa vie et à ses opérations divines, pour être notre nourriture, pour faire croître en nous toutes ses vertus : « Que nous croissions

---

1. Jn 4, 23-24.
2. « *Fides quae per charitatem* » (Ga 5, 6).
3. Voir Ps 67, 18.

en toutes choses dans le Christ Jésus [1] » ; enfin pour mettre en nous la plénitude de sa vie intérieure et nous faire parvenir à la plénitude de Dieu : « Afin que vous soyez remplis selon toute la plénitude de Dieu [2]. »

D. Mais les chrétiens sentent-ils cela en eux lorsqu'ils reçoivent Jésus-Christ ? Sentent-ils les opérations de son Esprit ? Entendent-ils toute la louange que Jésus-Christ rend à Dieu dans leur cœur ? Éprouvent-ils sensiblement toutes les vertus qui s'écoulent de lui en leurs âmes ?

R. Non ; car, comme notre Seigneur est devenu tout esprit après sa Résurrection, ses opérations aussi sont pur esprit : « <Mes paroles> sont elles-mêmes esprit et vie [3] », et ainsi elles ne sont pas sensibles. Et comme, lorsqu'on prend la nourriture corporelle, toutes les parties du corps ne sentent pas l'écoulement secret de la vertu de l'aliment qui se répand en elles, ainsi Jésus-Christ notre Seigneur, qui est notre aliment spirituel, n'a pas voulu se rendre sensible à nos âmes : il suffit, comme je vous ai dit plusieurs fois, de s'unir par la foi toute nue et par la seule charité à notre Seigneur, qui est esprit en nous : « Il a été rempli d'un esprit vivifiant [4] » pour participer à lui, et pour communier à son Esprit et à ses opérations divines [5].

[P. 81-82.]

1. « *Crescamus in illo per omnia* » (Ep 4, 15).
2. « *Ut impleamini in omnem plenitudinem Dei* » (Ep 3, 19).
3. « *Spiritus et vita sunt* » (Jn 6, 63).
4. « *Factus in spiritum vivificantem* » (1 Co 15, 45).
5. Les opérations de Dieu dans l'âme peuvent cependant y produire des effets sensibles qui font en quelque sorte expérimenter la divine présence. M. Olier le savait mieux que personne. Mais si ces sortes de grâces peuvent apporter un précieux réconfort, elles ne constituent qu'un élément secondaire et non nécessaire de la vie spirituelle. Elles doivent être reçues avec humilité et sans attache excessive. C'est Dieu lui-même et non ses consolations que nous devons rechercher.

Leçon XIII
Qu'on communie non seulement au Saint-Esprit de Jésus-Christ, mais aussi au Saint-Esprit, en tant que répandu dans tous les saints de l'Église

> *Les choses saintes émanantes de Jésus-Christ sont mises en communion dans l'Église.*

D. Souffrez encore que je vous demande une chose pour mon éclaircissement. Où est-ce que vous trouvez que nous communions, non seulement au Saint-Esprit de Jésus-Christ, mais aussi à ses opérations en lui ?

R. Non seulement je vous ai dit que nous pouvions communier à l'Esprit de Jésus-Christ et à ses opérations en lui ; mais aussi je vous avais dit auparavant que nous pouvions communier au Saint-Esprit répandu dans la sainte Église et dans tous ses saints, par exemple, dans la sainte Vierge, à raison que les choses saintes émanantes de Jésus-Christ sont mises en communion dans l'Église : « Je crois au Saint-Esprit, et la communion des choses saintes [1] » qui sont dans l'Église ; car qui

---

1. « *Credo in Spiritum sanctum, sanctorum communionem* » (Symbole des apôtres).

communie au plus communie au moins, qui communie
à la cause communie aux effets. Puis donc que nous
communions au Saint-Esprit, nous communions aussi
aux opérations de Jésus-Christ, et en lui, et en son Église,
qui sont les effets de ce divin Esprit, que nous ne rece-
vons pourtant que « selon la mesure de la donation de
Jésus-Christ [1] ». C'est là l'abondance du festin de
l'Agneau et la diversité des mets qu'il nous présente en
lui et en ses membres ; il nous y appelle tous, et il nous
met à même ; c'est à nous à choisir, selon l'instinct de
l'esprit intérieur qui nous y porte, et qui nous fait choisir
telle viande spirituelle qu'il lui plaît, le tout pour la
consommation des saints [2].

Je suis bien aise de vous éclaircir encore cette matière
si importante et si cachée par une figure admirable de
l'Écriture, qui est la manne que Dieu donna dans le
désert à son peuple, laquelle, quoique la même, avait en
soi le goût de toutes les viandes que les enfants d'Israël
désiraient de goûter ; ce qui exprime naïvement la
communion des saints et des choses saintes, laquelle
nous avons en Jésus-Christ, quand nous le désirons ; car,
par exemple, quand nous voulons nous approcher des
sacrements et communier à leurs différentes grâces, nous
le faisons en nous unissant au Saint-Esprit de Jésus-
Christ, qui les comprend toutes en soi. Nous avons même
cette pratique ordinaire dans l'Église de communier en
l'honneur des saints, pour participer à leur esprit et à
leurs grâces ; et on peut, en effet, en recevoir participation, si l'on s'unit à Jésus-Christ dans le saint sacrement,

---

1. « *Secundum mensuram donationis Christi* » (Ep 4, 7).
2. Ep 4, 12.

avec l'intention d'honorer ce qu'il répand de son Esprit en eux et d'y prendre part [1].

Je vous dirai ici un autre secret : c'est que, par cette même communion, nous pouvons avoir part aux grâces des justes qui sont sur la terre. Par exemple, quand vous voyez en quelqu'un des vertus éminentes d'humilité, de chasteté, de patience, qui sont toutes vertus qui émanent de Jésus-Christ dans leurs cœurs, et qui paraissent après dans leurs œuvres et en leurs paroles ; au lieu de leur porter envie et jalousie pour ces vertus (ce qui arrive souvent par la suggestion du diable et de l'amour-propre), il faut vous unir à l'Esprit saint de Jésus-Christ dans le saint sacrement, honorant en lui la source de ces vertus, et lui demandant la grâce d'y participer et d'y communier ; et vous verrez combien cette pratique vous sera utile et avantageuse.

Permettez que j'ajoute encore sur ce sujet une autre figure de l'Écriture. Isaïe vit une fois le Fils de Dieu rempli de splendeur et de gloire, à la vue duquel les séraphins se couvraient la face de leurs ailes ; il était environné d'une robe très magnifique et très splendide ; « et ce qui était sous lui remplissait le temple [2] », dit l'Écriture. Ce qui était au-dessous de Jésus-Christ sont les opérations divines du Saint-Esprit qu'il a envoyé sur la terre, lesquelles remplissent l'Église. Le Saint-Esprit habitait en Jésus-Christ en plénitude, et y habitait corporellement, comme dit saint Paul [3] : c'est-à-dire qu'il était en Jésus-Christ comme dans le chef, et qu'il l'animait des

---

1. Il y a ici une vue pénétrante sur la dévotion aux saints et la gloire qu'elle procure à notre Seigneur.
2. « *Et ea quae sub ipso erant replebant templum* » (Is 6, 1).
3. Col 2, 9.

dispositions qu'il devait un jour répandre dans le corps de l'Église ; si bien que toutes les opérations qui sont dans les saints du ciel et dans les justes de la terre sont dépendantes de Jésus-Christ, qui a envoyé son Esprit pour vivifier ses membres de sa vie divine.

Ce que je vous conseille donc est de vous unir sans cesse au Saint-Esprit pour faire vos actions en sainteté, et dans les sentiments mêmes de Jésus-Christ, vous contentant de vous unir à lui par la foi et par l'amour, pour trouver l'aide à vos infirmités et la ferveur de la charité dans ce « fleuve de feu » dont parle l'Écriture [1], « qui sortait de la face de Dieu [2] », qui est Jésus-Christ même. Le fleuve signifie deux choses, la voie et la vie ; car un fleuve est un chemin animé et vivant ; étant rapide et vivant, il est la figure de l'impétuosité de l'amour avec lequel nous devons nous porter à Dieu, et de la vertu de l'Esprit qui sort de Jésus-Christ pour entrer en nous, afin d'y être notre voie, notre vérité et notre vie. C'est ainsi qu'il opérait dans les premiers chrétiens, dont il est dit par prophétie : « Ils allaient où ils étaient poussés par l'Esprit [3]. »

D. De la sorte il est bien doux d'être chrétien, puisque l'on a de si grandes aides ! Qu'il est doux de se laisser aller à l'amour, et d'être conduit si promptement à Dieu !

R. Vous voyez combien il est important de se fier à l'Esprit Saint de Jésus-Christ, quand on veut agir ou prier. Vous voyez que c'est un fleuve et qu'il faut boire souvent, c'est-à-dire qu'il se faut unir souvent à lui et

---

1. Dn 7, 10.
2. Notre Seigneur est appelé face de Dieu, parce que Dieu se fait connaître par son Fils, image de sa substance.
3. *« Ubi erat impetus Spiritus, illuc gradiebantur »* (Ez 1, 12).

tâcher de le faire passer en votre nourriture, pour devenir tout feu et tout amour pour Dieu, et pour ne plus opérer que par ce seul principe, au lieu d'opérer, comme l'on fait communément, par le principe de l'amour-propre et de la vieille créature, qui nous entraîne vers le péché.

[P. 83-85.]

Leçon XV
Que le bonheur des chrétiens,
dans les exercices de l'oraison
et de la sainte communion,
approche de celui des saints du paradis...

Dans l'Église, « possédant Jésus-Christ en nous par l'oraison ou par la sainte communion », nous possédons tout le ciel en notre humanité, dans la foi et non dans la gloire.

D. Si je comprends bien tout ce que vous m'avez dit jusqu'ici, et repassant en mon esprit toutes vos instructions, comme je fais très souvent, il me semble que notre bonheur approche de celui du ciel.

R. Vous ne dites pas mal ; c'est ainsi que notre Seigneur en parle à ses disciples, quand il leur dit : « Le Royaume de Dieu est au dedans de vous [1] » ; car il est vrai que, possédant Jésus-Christ en nous par l'oraison ou par la sainte communion, nous possédons tout le ciel. Et vous ne devez pas vous en étonner ; c'est le privilège de la foi,

1. Lc 17, 21.

selon saint Paul : « La foi est le fondement des choses que l'on doit espérer, et une pleine conviction de celles qu'on ne voit point [1]. » La foi nous donne la substance des choses éternelles, quoiqu'elle ne nous en donne pas la claire connaissance, et qu'elle ne nous les fasse pas posséder de la même manière que nous les possédons dans la gloire.

Le Royaume du ciel, considéré en sa substance et non en sa manière, consiste à contempler Dieu en trois Personnes, et l'humanité sainte de Jésus-Christ remplie des torrents de la divinité ; il consiste aussi à voir la sainte Vierge remplie de Jésus-Christ, de même que Jésus-Christ est rempli de son Père, et à voir encore toute la société des saints revêtue de Jésus [2] et possédée de lui ; en un mot, tout le corps magnifique de l'Église, toute pleine de son Soleil, Jésus-Christ, qui l'anime d'amour, de louange, d'adoration et de tout son intérieur, glorifiant et magnifiant Dieu son Père. Or qui possède Jésus-Christ au saint sacrement de l'autel, possède le même qui est dans le ciel. Jésus-Christ partout porte ce qu'il est ; il est donc en nous le sanctuaire de Dieu son Père, et la plénitude de la religion envers lui, et des louanges qu'il lui donne dans les saints. En un mot, l'Église de la terre possède les mêmes biens que celle du ciel ; mais toutefois, avec cette différence, que nous n'y communions pas si parfaitement que dans le ciel ; car Jésus-Christ ne se décharge pas en nous dans toute la plénitude de ses torrents divins, ne trouvant pas en nous de capacité pour le

---

1. *« Est fides sperandarum substantia rerum, argumentum non apparentium »* (He 11, 1).
2. Voir « La femme revêtue du soleil » (Ap 12, 1).

recevoir. Et de plus, nous n'avons pas ici la communion de la louange des saints qu'ils expérimentent dans le ciel, où les bienheureux sont tout vides d'eux-mêmes et en capacité de se contenir les uns les autres, comme par proportion les personnes divines se contiennent l'une l'autre.

Admirez l'économie de Dieu dans le mystère de l'Incarnation, où il observe un ordre merveilleux et une décence digne de lui. Le Verbe sur la terre était égal à son Père : « Il n'a point cru que ce fût pour lui une usurpation d'être égal à Dieu [1]. » Il était digne d'une même louange, et si sa divinité était cachée, elle n'en était pas moins adorable ; et c'est pour elle que Dieu a voulu que toutes les créatures rendissent à son Fils tous les honneurs et toute la gloire que lui-même recevait d'elles ; et parce qu'elles étaient imparfaites et incapables de le louer dignement, il a versé en l'âme de Jésus-Christ toutes les vertus et tous les dons du Saint-Esprit, pour suppléer à tout le défaut des créatures, et pour faire recevoir à ce divin Verbe par cette sainte âme, en unité du Père et du Saint-Esprit, plus d'honneur et de gloire qu'il n'en recevait d'un million d'anges dans le ciel [2], pour ce que Jésus-Christ était plus que tous les anges : « Car qui est l'ange à qui Dieu ait jamais dit : vous êtes mon Fils [3] ? » Il était plus capable qu'eux tous des opérations de la divinité ; il était le temple divin dans lequel la divinité était parfaitement honorée : si bien que partout où se portait l'humanité sainte sur la terre, Dieu y trouvait son ciel et son paradis, et dans son humiliation il y rencontrait sa gloire.

---

1. « *Non rapinam arbitratus est esse se aequalem Deo* » (Ph 2, 6).
2. Voir Dn 7, 10.
3. « *Cui enim dixit aliquando angelorum : Filius meus es tu ?* » (He 1, 5).

Il faut encore admirer un autre effet de la sagesse de Dieu en ce mystère : c'est que l'humanité de Jésus-Christ, qui est cette arche admirable où Dieu désire d'être adoré, et où il habite en plénitude pour le bien de ses créatures et pour les communications de ses grâces, méritant de recevoir de l'honneur et des louanges, Dieu l'a voulu pourvoir d'une église où ces honneurs lui fussent rendus en toute sainteté et perfection ; il lui a voulu bâtir un temple plus glorieux que celui de Salomon : « La gloire de cette dernière maison sera encore plus grande que celle de la première [1]. » Et ce temple est la sainte Vierge, qui a suivi Jésus-Christ partout, pour le louer et le glorifier ; et comme autrefois les prêtres accompagnaient l'arche partout, la sainte Vierge aussi a accompagné notre Seigneur dans tous ses saints mystères ; de sorte qu'elle lui a servi comme d'église portative. C'est pourquoi nous voyons que toutes les qualités de l'Église lui sont appliquées. Et de même que l'Église est destinée de Dieu pour honorer l'humanité sainte de Jésus-Christ, la sainte Vierge aussi, qui contient en éminence toutes les grâces et vertus, et surtout la religion de l'Église, a été destinée de Dieu et a servi pour glorifier parfaitement l'humanité de son Fils et pour l'accompagner, comme nous avons dit, dans tout le mystère de l'Incarnation.

[P. 89-91.]

---

1. *« Magna erit gloria domus istius novissimae plus quam primae »* (Ag 2, 10).

INTRODUCTION
À LA VIE ET AUX VERTUS CHRÉTIENNES

Ce petit ouvrage fut publié en 1657 aussitôt après la mort de Jean-Jacques Olier. Dans le titre comme dans le texte, c'est l'adjectif « chrétiennes » qui est le mot le plus significatif. Le baptisé doit vivre de la vie même du Christ, être « revêtu du Christ » selon le mot expressif de saint Paul que reprend Olier. Aussi les différentes vertus – l'humilité, la pénitence, la patience, la charité, etc. – sont-elles présentées comme diverses façons d'être « conformé » au Christ Jésus. Bien plus que d'une imitation, il s'agit de participation ou de communion aux dispositions mêmes de Jésus. Cette conformité est en chacun l'œuvre et l'influence de l'Esprit Saint, qui le conduit à la sainteté : « Cet Esprit est l'esprit de toute la religion chrétienne, qui donne la vie à tous les fidèles, et la vertu d'opérer en sainteté et en justice. »

De la religion de Jésus-Christ

Instruction « fondamentale » : la souveraineté de Dieu n'est vraiment honorée que par Jésus-Christ. Sa religion, qui est respect et amour pour son Père, s'étend, est « dilatée » en Église et tous les chrétiens forment en lui un seul adorateur, « un seul religieux de Dieu ».

Notre Seigneur JÉSUS-CHRIST est venu en ce monde pour y apporter le respect et l'amour de son Père[1] et pour y établir son Royaume et sa religion. Il ne lui a demandé autre chose pendant sa vie ; et c'est ce qu'il a fondé pendant l'espace de trente-trois ans qu'il a vécu sur la terre, et ce qu'il a désiré incessamment* de procurer dans l'esprit et dans le cœur des fidèles qu'il prévoyait avoir été ordonnés[2] pour être ceux en qui il devait répandre sa même religion, afin d'honorer son Père en eux, comme il faisait lui-même.

---

1. Olier donne d'emblée une place de premier plan au respect avec l'amour.
2. Destinés (voir Ac 13, 48).

Il a demandé cette grâce pour les hommes et <la> leur a méritée durant sa vie. Et c'est ce qu'il a fait aussi en sa mort, où en même temps qu'il l'a demandée pour eux, il a donné témoignage du respect et de l'amour qu'il portait à son Père, <dispositions> qui sont les deux choses que comprend la religion. Il connaît son Père si pur et si saint, qu'il ne voit rien qui mérite de vivre et de subsister devant lui, ce qu'il proteste [1] par la mort qu'il endure, pour témoigner et faire paraître cette vérité.

Il meurt encore par amour aussi bien que par révérence. Car il se soumet à la mort et l'accepte très volontiers et avec joie [2], parce qu'il y voit le plaisir et la satisfaction de son Père. Et voyant qu'il n'était point satisfait pour les péchés qu'on commettait contre lui, il meurt pour le contenter entièrement et pour ne laisser rien pour quoi il n'ait satisfait abondamment.

Il donne par là exemple aux chrétiens qui font profession de sa même religion, de son même respect et de son même amour, qu'ils ne doivent rien épargner pour en témoigner les vrais sentiments qui les doivent porter dans [3] l'occasion jusqu'au [point du] sacrifice, étant <donné qu'il est> plus sûr de rendre son sacrifice réel que de se contenter d'une simple disposition qui souvent est trompeuse.

Notre Seigneur a continué après sa mort de procurer aux hommes cette religion envers DIEU par toutes les inventions de son amour. Et il leur a donné son même Esprit qui est celui de DIEU, vivant en lui, pour établir en

---

1. Atteste.

2. Is 53, 7. L'autre référence, He 12, 2, mentionne en réalité la joie comme ce que Jésus n'a pas choisi.

3. À.

eux les mêmes sentiments de son âme, afin que dilatant ainsi sa sainte religion, il fît de lui et de tous les chrétiens un seul religieux de DIEU.

Régnant au ciel, il vit dans le cœur et dans la plume de ses évangélistes pour établir partout le mépris de la créature [1] et le respect de DIEU seul [2]. Il est vivant dans le cœur et dans la bouche de ses apôtres et de ses disciples pour annoncer partout le Royaume de DIEU, pour procurer l'adoration que mérite son saint Nom et pour lui donner des sujets parfaitement soumis et des adorateurs qui le respectent en esprit et en vérité [3].

C'est encore proprement la fonction de l'Esprit de Dieu dans les prêtres, qui continue en eux ce qu'il faisait en JÉSUS-CHRIST. Il y procure par exemples, par paroles, par écrit et par toutes les voies possibles la sainte religion de DIEU qui seul mérite d'être adoré et respecté dans le mépris de toutes choses. Tout n'est que vanité et que figure hors de lui. Car tout l'être créé n'est qu'une écorce légère de l'être qui est caché en lui, qui se fait voir en quelque façon sous la couleur de tout ce qui paraît. Toute la figure passera, quand DIEU voudra cesser de paraître sous des figures [4] et quand il fera voir à découvert tout ce qu'il est. Quand les yeux de l'esprit seront ouverts et affermis par la lumière de la gloire, alors le monde ne sera plus pour nous une chose agréable, non plus que

---

1. Le mépris est associé et opposé au respect pour souligner que le Créateur est préféré à la créature. Mais Olier ne méprise pas la créature elle-même : voir *La Journée chrétienne*, « Actes quand on va aux champs ou à la promenade » (ici p. 131 s.).

2. Henri Boudon a repris en 1662 ces deux mots comme titre d'un traité spirituel qui fut célèbre.

3. Jn 4, 23.

4. 1 Co 7, 31.

l'ombre lorsque le corps paraît, ou que le portrait auquel on ne fait plus [d'] attention quand la personne se présente. Le masque ne paraît plus agréable quand le visage est découvert. Ainsi tout paraîtra figure [1], masque et néant, quand DIEU se rendra visible à l'âme en tout ce qu'il est.

<Que> DIEU soit adoré en lui et <que> tout périsse devant lui en notre esprit [2], puisque tout n'est rien en sa présence. Prévenons par esprit de religion l'anéantissement et le sacrifice universel de tout cet être qui doit périr pour DIEU en témoignage de sa grandeur et de sa sainteté. Que notre foi soit la lumière et le flambeau de notre religion, pour faire le sacrifice devant DIEU de tout l'être présent [3]. Car si JÉSUS-CHRIST même veut être sacrifié par le grand respect qu'il lui porte et par l'estime qu'il fait de lui et de sa sainteté, combien plus devons-nous tout sacrifier à DIEU et mépriser toutes choses, pour n'estimer et ne voir que ce qui seul est véritable et qui seul mérite d'être estimé et révéré ?

Devant le véritable DIEU il n'y a point d'idoles à révérer : il faut que tout soit mis en cendres, donc que toute

---

1. Ce mot christianise une vision du monde qui semble platonicienne. Il exprime que les réalités créées ne sont pas seulement apparences ou « vanités », mais ont pour fonction de signifier le monde nouveau, comme les épisodes de l'Ancien Testament « préfigurent » ceux du Nouveau.

2. Il ne s'agit donc pas de détruire l'univers, mais seulement de n'y plus penser en se recueillant.

3. L'Ancien Testament connaît diverses sortes d'offrandes rituelles que nous englobons sous le terme unique de « sacrifice ». Olier, à la suite du père de Condren, conçoit le sacrifice surtout sur le type de l'holocauste. C'est qu'il le voit à travers celui du Christ que l'épître aux Hébreux rapproche de l'holocauste. S'il aspire à la fin du monde comme à sa destruction, ce n'est pas pessimisme envers ce monde : la Loi demandait qu'on offrît à Dieu le meilleur de ce qu'on possédait.

la créature périsse devant mon DIEU. Et comme notre Seigneur en se sacrifiant a prétendu tout anéantir et faire un sacrifice de toutes choses en lui, parce qu'il avait tout réuni en sa personne [1], il est juste que nous condamnions et que nous sacrifiions toutes les choses hors de lui, qui sont d'autant moins saintes qu'elles sont moins en lui. Et c'est la marque de notre religion <que> de sacrifier tout à DIEU et de témoigner ainsi comme tout est vil et abject devant lui, <en> n'estimant et ne respectant aucune chose que lui seul.

Enfin notre Seigneur, pour dilater sa sainte religion envers DIEU et pour la multiplier en nos âmes, vient en nous et se laisse en la terre entre les mains des prêtres comme hostie de louange pour nous <faire> communier à son esprit d'hostie, nous appliquer à ses louanges et nous communiquer intérieurement les sentiments de sa religion. Il se répand en nous, il s'insinue en nous, il embaume notre âme et la remplit des dispositions intérieures de son esprit religieux, en sorte que de notre âme et de la sienne il n'en fait qu'une, qu'il anime d'un même esprit de respect, d'amour, de louange et de sacrifice intérieur et extérieur de toutes choses à la gloire de DIEU son Père. Et ainsi il met notre âme en communion de sa religion, pour faire de nous en lui, comme nous avons dit, un vrai religieux de son Père.

Et même pour perfectionner notre état et pour nous mettre dans le point de la religion la plus pure et la plus sainte, il nous communie [2] à son état d'hostie, pour être avec lui une <seule> hostie et n'être pas seulement religieux en esprit, mais encore en vérité, c'est-à-dire en réa-

---

1. Ep 1, 10.
2. Fait communier.

lité, ayant intérieurement sacrifié en nous tout l'être présent de la chair en tous ses sentiments, ne les ayant pas seulement sacrifiés comme Jésus-Christ en croix par mortification et par crucifiement intérieur, mais ayant tout consommé intérieurement avec Jésus-Christ consommé sur l'autel. C'est là le point de perfection où il nous appelle en cette vie, puisque par sa présence intime en nous et par son feu qui nous dévore, il nous communie à l'état le plus parfait de sa religion, qui est celui d'hostie consommée à la gloire de Dieu, d'hostie qui ne vit plus en soi de sa vie propre et de la vie de la chair, mais qui vit totalement de la vie divine et de la vie consommée en Dieu.

C'est proprement l'état de la vie ressuscitée, où nous sommes appelés à l'imitation de notre Seigneur qui est extérieurement consommé en son Père au jour de sa Résurrection et qui veut que nous soyons aussi intérieurement ressuscités et consommés en lui. C'est pourquoi il dit qu'il a communiqué aux hommes la clarté que son Père lui a donnée. Cette clarté est l'état ressuscité qu'il avait déjà eu dans l'hostie de la Cène. « Qu'ils soient un, comme nous sommes un. Je suis en eux et vous êtes en moi [1]. » Je suis en eux, ayant le même effet que vous, ô mon Père, qui êtes en moi, avez en moi. Je les vivifie, comme vous me vivifiez. Je les consomme, comme vous me consommez. Il demande donc que nous soyons comme des hosties vivantes, saintes et agréables à Dieu [2]. C'est pourquoi saint Paul ne prie pour rien avec plus d'insistance que pour faire parvenir les chrétiens à cette

---

1. « *Ut sint unum, sicut et nos unum sumus, ego in eis et tu in me* ». (Jn 17, 22-23).
2. Rm 12, 1.

consommation parfaite en JÉSUS-CHRIST selon l'Esprit, qui les rende intérieurement tout semblables à lui. Je prie DIEU de tout mon cœur qu'il vous fasse parvenir au point de consommation [1] que je désire être en vous par la vertu du Saint-Esprit de JÉSUS-CHRIST qui vous consomme intérieurement avec lui.

Ce sera là l'ouvrage du Saint-Esprit qui doit venir en ce monde pour rendre témoignage de la vérité [2] à nos cœurs, et bien mieux que saint Jean qui n'était que son organe. Car il est l'Esprit de vérité [3].

Ce sera lui qui intérieurement par la foi commencera de nous découvrir la fausseté et le mensonge de toute la créature et de tout ce qui n'est pas DIEU. Il nous le fera mépriser, comme le rien auprès de ce Tout si grand, si magnifique et si admirable. Il nous en donnera dégoût, et par ce dégoût nous en dégageant entièrement, il nous portera à DIEU avec ardeur, et nous unira à lui si intimement qu'il nous fera tous un en lui, et nous consommera parfaitement en ressemblance de JÉSUS-CHRIST consommé en son Père.

[P. 7-11.]

---

1. 2 Co 13, 9.
2. Jn 5, 33.
3. Jn 16, 13.

Des fondements de la pauvreté

> *Pour le Christ, l'unique richesse est l'amour et la présence de son Père. Le chrétien, partageant les dispositions de Jésus-Christ, trouve en Dieu toutes les richesses et toute splendeur, «possédant tout» (2 Co 6, 10).*

Nous sommes appelés pour être participants de la vie de DIEU en JÉSUS-CHRIST. Notre vie, comme la sienne, est cachée en DIEU, qui, la mettant en nous comme il l'a mise en son Fils, nous fait participants de ses dispositions, de ses sentiments et de ses vertus.

DIEU est habitant [1] en son Fils en sa splendeur divine. Il est vivant en lui dans sa majesté, en sorte que rien n'approche de sa gloire. Il est revêtu d'un éclat de richesses divines, auprès de quoi toutes choses ne sont que de la boue et de la fange.

Toutes les richesses de la terre ne sont que comme des haillons en comparaison de la gloire de DIEU. C'est pourquoi nous voyons que notre Seigneur, après son retour dans le ciel, où il est entré parfaitement en la grandeur

---

1. Périphrase usuelle pour insister sur la durée : il habite.

de Dieu son Père, est infiniment plus éloigné des secours de la nature, qu'il n'était pendant sa vie voyagère, où il souffrait [1] quelques deniers entre les mains de ses disciples, pour le soutien et la conservation de sa vie, et pour le soulagement des pauvres.

Notre Seigneur vivant en DIEU, et habitant intérieurement en la splendeur de sa gloire divine, n'a jamais pu avoir désir ni amour pour les richesses de ce monde. Comme il était en son intérieur participant de l'être de son Père et essentiellement riche de ses richesses divines, il ne pouvait souffrir celles de la terre : tout lui paraissait bas et indigne de son estime.

Ainsi une âme retirée en Dieu et revêtue des dispositions de Jésus-Christ, trouvant en lui de si grandes richesses, ne peut avoir de goût pour les biens de la terre : et si elle en avait la moindre estime, elle serait semblable à un roi qui, n'étant pas satisfait de sa gloire et de sa majesté, rechercherait dans la bure d'un paysan ses richesses et sa braverie [2].

Nous sommes donc obligés à la pauvreté et au détachement de tous les biens du monde, à cause de ces richesses immenses et infinies que nous trouvons en DIEU. Auprès d'elles, toutes celles de la terre ne sont rien, et dans la possession de DIEU nous les possédons toutes en éminence.

DIEU renferme tout en soi ; il est la source et l'origine de tous les biens ; il les possède tous, dégagés de l'imperfection et de la bassesse des créatures. Il est par excellence toutes richesses, toute grandeur, toute beauté, toute splendeur ; c'est pourquoi celui qui est en DIEU est hors de tout et possède tout.

---

1. Acceptait, admettait.
2. Luxe du vêtement (mot ancien).

Ainsi les saints qui sortent du monde, et qui, après la résurrection, habiteront en DIEU en corps et en âme, auront tout en lui ; et sans l'usage d'aucune créature, ils trouveront en lui leur monde. Il ne se donnera plus sous la multiplicité des êtres grossiers, qui se ramassent en l'homme pour le maintenir et le conserver en cette vie ; mais il sera pour lors par lui-même la plénitude de leur besoin : il les environnera, il les embrassera, il les abreuvera de lui.

C'est l'avantage que DIEU nous fait goûter dès cette vie lorsque nous le possédons parfaitement. Car de même qu'une éponge qui est remplie d'eau est tellement pénétrée de sa substance en tout ce qu'elle est, que tous ses vides en sont remplis ; ainsi DIEU remplit tous les besoins et les désirs de l'homme qui est en cet état, et il ne peut plus rien désirer, parce qu'il a un DIEU qui lui est tout.

Les richesses ne sont en ce monde que comme l'ombre et la figure de DIEU. Elles contiennent à leur manière toutes les créatures en éminence, et les donnent à l'homme pour ses besoins. En effet, nous les attirons toutes à nous par le moyen de l'or et de l'argent ; et ces métaux, qui, par providence divine, sont d'un prix incroyable dans l'estime des hommes, nous servent à acquérir, à appeler et à attirer toutes choses à nous.

C'est pourquoi celui qui est en DIEU, même dans la vie présente, et qui commence à le goûter, à se nourrir de lui, et à voir quelque éclat de sa gloire et de sa splendeur divine, ne peut plus avoir ni estime, ni goût, ni joie, ni désir, ni amour pour toute la bassesse des choses du monde, parce qu'elles ne sont que figure et apparence, et on quitte aisément la figure quand on possède la vérité.

[P. 121-123.]

De la charité envers le prochain

Par l'amour du prochain, le chrétien se conforme au Christ dans son amour pour les hommes comme lui-même puise sa charité dans l'amour qui unit les trois Personnes.

DIEU, en créant l'homme à son image et à sa ressemblance, ne lui a pas seulement communiqué son être, sa vie et ses divines perfections, mais encore il a voulu qu'il lui fût semblable dans ses opérations.

C'est pourquoi, comme DIEU s'aime soi-même par tout ce qu'il est, et dans toute l'étendue de ce qu'il est et de ce qu'il peut, en sorte qu'il ne peut pas s'aimer davantage, aussi il donne à l'homme un commandement exprès de l'aimer de tout son cœur, de toute son âme, de tout son esprit et de toutes ses forces [1].

DIEU veut que tout ce que l'homme a en soi soit employé à l'aimer, et qu'il soit tout perdu et consommé dans son amour. Et comme il est tout amour par soi-même, et que tout ce qu'il a fait au-dehors, il l'a fait pour

---

1. Dt 6, 5.

l'amour de soi, aussi veut-il que l'homme n'emploie ses forces et ne fasse rien que pour l'amour de DIEU.

Or non seulement DIEU a créé l'homme à son image et à sa ressemblance, mais encore il a formé la société humaine sur le modèle de la société des Personnes de la très sainte Trinité. C'est pourquoi, comme dans cette adorable société le Père aime son Fils comme lui-même, et s'aime lui-même en son Fils, et qu'il en est de même de l'amour du Fils envers le Père et envers le Saint-Esprit, et de l'amour du Saint-Esprit envers le Père et le Fils, aussi veut-il que l'homme aime son prochain comme soi-même.

De là vient qu'il lui a donné ce second commandement : Vous aimerez *votre prochain comme vous-même*, que JÉSUS-CHRIST dit être semblable au premier [1], parce qu'il est encore conforme à la vie divine et éternelle des Personnes de la très sainte Trinité.

C'est ainsi que notre Seigneur nous a aimés. Car, en parlant de l'amour qu'il a pour les hommes, il dit qu'il est semblable à l'amour que son Père lui porte : « Comme mon Père m'a aimé, je vous ai aimés [2]. » Le même amour qu'il a pour moi, je l'ai pour vous : ce qui nous montre que l'amour qu'il a pour le prochain est pris sur cet amour que son Père lui porte, et qu'il est une imitation de celui qu'une personne divine porte à l'autre, l'aimant comme une autre elle-même.

Et c'est ainsi que notre Seigneur veut que les hommes s'entr'aiment. C'est pourquoi il dit à ses disciples : « Aimez-vous les uns les autres comme je vous ai

---

1. Mt 22, 39.
2. Jn 15, 9.

aimés [1]. » Et comme j'ai formé mon amour que j'ai eu pour vous sur celui que mon Père a pour moi, je veux aussi que vous formiez celui que vous devez avoir l'un pour l'autre sur celui que j'ai pour vous, afin que le vôtre aussi se rencontre tout conforme et semblable à celui de mon Père.

[P. 148-149.]

---

1. Jn 15, 12.

Des conditions de la charité envers le prochain

À l'exemple de l'amour infini du Père pour son Fils, et de la générosité du Christ pour nous, la charité va jusqu'à tout donner, «tout ce que j'ai et tout ce que je suis».

Les qualités et conditions de l'amour envers le prochain doivent être semblables à celles de l'amour dont DIEU s'aime lui-même en son Fils, et dont son Fils aime les hommes.

C'est pourquoi les exemples extérieurs de son amour envers les hommes doivent être le modèle de ce que la charité nous oblige de faire extérieurement pour le prochain ; et son Esprit intérieur qui nous est donné doit nous régir et nous animer intérieurement en cette même charité. Car on ne peut point exécuter ni accomplir parfaitement ce saint précepte que par cet Esprit, qui est DIEU même.

DIEU, qui est en nous, s'aime soi-même par son Esprit dans le prochain, où il habite ; et ainsi il nous le fait aimer comme il s'aime soi-même. Car il se trouve tout en autrui, et s'aimant partout comme il mérite, il s'aime infiniment dans le prochain.

C'est pourquoi, comme il anime notre cœur, qu'il le remplit de son même amour, qu'il nous établit dans sa vie, dans ses mouvements et dans ses mêmes inclinations, l'âme, suivant les sentiments et les dispositions intérieures de son divin Esprit, aime son Dieu dans le prochain du même amour et avec la même ardeur dont elle aime Dieu en elle-même.

L'âme ne doit point s'aimer qu'en Dieu, c'est-à-dire en tant que Dieu l'anime et la remplit, et elle doit s'aimer en Dieu, comme Dieu s'aime soi-même, à cause qu'elle est rendue participante de la vie de Dieu. Ainsi elle doit aimer son Dieu et s'aimer elle-même du même amour. Et comme Dieu se trouve aussi dans le prochain, elle le doit aimer du même amour qu'elle l'aime en elle-même.

Dieu, s'aimant soi-même dans son Verbe, se donne infiniment à lui : il s'y donne en plénitude, en sorte qu'il ne réserve rien de ses richesses et de sa gloire. Il est tout en lui, il y fait sa demeure, et il y trouve sa béatitude comme en soi-même. Et quoiqu'il le fasse par nécessité, il ne laisse pas de le faire par amour : si bien qu'il le fait par amour nécessaire ; car la nécessité en Dieu ne peut empêcher son amour, parce qu'il est amour en tout lui-même.

Ainsi en faut-il faire à l'égard du prochain. Il le faut aimer de tout soi-même ; il faut se communiquer à lui de cœur et d'âme, de moyens, de présence : en un mot, il ne faut rien avoir qu'on ne soit prêt de verser en lui.

Les premiers chrétiens qui vivaient de la vie de Dieu et dans la règle de l'amour qu'il leur prescrivait et que le Saint-Esprit leur faisait suivre, avaient tout en commun, comme Jésus-Christ a tout en commun avec son Père [1].

---

1. Jn 17, 10.

Et comme en Dieu il ne se trouve qu'un Esprit, et qu'une volonté vivante en trois Personnes, et qu'il y a une unité parfaite de sentiments, de pensées et de désirs, de même il est dit des premiers chrétiens qu'ils n'avaient qu'une âme, qu'un cœur et qu'une même volonté [1]. C'est la vie des saints dans le ciel, qui sont dans une unité parfaite, et ce doit être aussi celle de tous les fidèles qui vivent dans l'Église.

Et c'est en quoi notre Seigneur a fait paraître qu'il accomplissait le premier les ordres qu'il prescrivait aux hommes, et qu'il satisfaisait à la Loi de son Père. Car étant le premier-né d'entre ses frères, il devait le premier obéir parfaitement à son Père, et nous servir de modèle et de forme en la conduite parfaite de notre vie.

Il imite son Père en l'amour éternel que son Père lui porte, et témoigne en sa vie qu'il nous aime comme son Père l'a aimé de toute éternité : « Je vous ai aimés comme mon Père m'a aimé [2]. » Mon Père verse en moi toute sa substance, et moi je vous communique la mienne en mon saint sacrement et en ma communion.

Mon Père me communique et me donne sa vie ; et moi je vous donne la mienne, non seulement <en> ne l'épargnant pas sur la croix, et vous donnant jusqu'à la dernière goutte de mon sang, mais <en> vous communiquant encore mon Esprit, qui est ma vie.

Mon Père me communique ses richesses et ses trésors ; et moi je vous communique les dons de mon Esprit.

Il me donne sa fécondité, si bien que j'ai de quoi produire une personne divine ; et je vous donne la même

---

1. Ac 4, 32.
2. Jn 15, 9.

fécondité, pour produire et engendrer des enfants à Dieu et à la vie éternelle.

Il m'a donné toute puissance au ciel et sur la terre : il m'a donné pouvoir sur toute la nature pour en faire comme je veux, et pour en changer les ordres quand il me plaît et comme je le désire. Et je vous ai donné la force et la vertu, par la présence de mon Esprit, de faire ces mêmes choses, et encore de plus grandes, quand il en sera besoin pour la gloire de Dieu mon Père et pour le bien de son Église.

Je n'ai rien que je ne vous donne, et tout ce que j'ai en moi, je désire qu'il vous soit commun avec moi ; de même que tout ce qu'a mon Père, je l'ai commun avec lui. Enfin, comme mon Père met en moi tout ce qu'il a et tout ce qu'il est, ainsi je mets en vous tout ce que j'ai et tout ce que je suis. C'est là la loi de la vraie et de la parfaite charité du prochain.

[P. 149-151.]

Des marques de la vraie
et parfaite charité envers le prochain

*Amour universel et pourtant person-
nalisé, amour fort et libre qui ne se
laisse pas lier par la sensibilité, amour
qui réalise l'union de tous, et sait se
réjouir de ce que les autres ont de bien.*

La vraie et parfaite charité se fait connaître par le
grand amour qu'on a pour tous les hommes. Elle voudrait
tout embraser, jusqu'à se trouver en feu, en ardeur et en
zèle pour aller faire connaître et aimer DIEU partout.

Cette charité universelle ne doit pas être une chimère,
comme elle se trouve en plusieurs qui sont enflammés de
zèle généreux par esprit de superbe et d'amour-propre
qui se plaît aux grandes choses, et qui veut avoir part aux
œuvres éclatantes et extraordinaires.

Elle doit paraître à l'égard de chaque particulier, à
qui on doit vouloir et faire du bien autant que l'on peut,
l'assistant de son bien en ses peines et ses nécessités,
et contentant par une douceur et une cordialité chrétiennes tous ceux qui se présentent pour recevoir quelque soulagement.

La charité pure est sans tendresse extérieure et sans épanchement sensible qui paraisse. Elle se lie les cœurs avec une telle pureté, que, quoiqu'elle les gagne tous et que par une secrète opération de DIEU elle les tienne unis et liés intimement à soi, néanmoins, pour l'extérieur, elle ne les tient pas liés. Et c'est là l'effet de la liberté de l'amour saint et pur, qui dégage de liaison sensible et extérieure ceux qui sont liés et unis en DIEU.

Cette divine charité ne s'épuise et ne se lasse jamais. Elle donne lieu [1] au prochain dans son besoin d'avoir toujours recours à elle en quelque lieu et en quelque rencontre qu'il se trouve, sans craindre de rebut.

Elle a aussi cet effet merveilleux qui l'accompagne toujours, et qui en est une marque infaillible, qu'elle tient tout en union et liaison, ne s'attirant jamais personne en sorte qu'elle la sépare [2] pour cela des autres, ou de son devoir et de ses obligations.

Son amour fait que toutes choses se lient ensemble. Elle sert comme de centre où toutes les lignes aboutissent et se viennent réunir, et au lieu que la fausse charité divise les personnes unies pour se les appliquer à elle seule, la vraie tient en union les personnes les plus éloignées d'inclinations, et les plus divisées sont maintenues en société par ses soins.

La parfaite charité <à l'égard> du prochain porte conjouissance [3] avec lui de ses biens, comme s'ils étaient nôtres. Et de même que Dieu se réjouit dans les biens du Saint-Esprit comme étant siens, ainsi il faut nous réjouir

---

1. Donne occasion.
2. Au point de la séparer.
3. Nous rend heureux.

du bien de DIEU dans le prochain et le regarder comme nôtre. De là vient que si la charité en nous est parfaite, et si c'est DIEU qui l'opère véritablement, notre cœur se réjouira et se dilatera en nous en la présence des biens du prochain.

[P. 151-153.]

De la manière de faire ses œuvres
par le principe de la vie chrétienne

*Renonçant à toute recherche d'avan-
tage personnel, le chrétien s'unit à
l'Esprit qui faisait agir Jésus pour
l'unique gloire de son Père. Il peut ne
rien sentir ni goûter en soi, mais son
union au Christ dans la foi fait de lui
l'adorateur « en esprit et en vérité »
(Jn 4, 23).*

La première disposition que nous devons avoir dans
nos œuvres est de renoncer à nous-mêmes en toutes
propres recherches [1].

La seconde chose qu'il faut faire est d'adorer l'Esprit
de JÉSUS-CHRIST, qui élevait son âme à DIEU dans toute
la pureté, la sainteté et la justice possibles. Il l'élevait à
DIEU dans toutes les intentions les plus saintes et les dispositions les plus pures qui puissent être opérées. Car
l'Esprit de DIEU, en l'âme de JÉSUS-CHRIST, rendait à

---

1. Sans nous rechercher en rien.

DIEU le Père autant d'honneur, de louanges et de gloire qu'il en pouvait recevoir.

La troisième chose qu'il faut faire est de demander à ce divin Esprit qu'il répande en nous les dispositions dans lesquelles il nous veut établir pour la gloire de DIEU.

Enfin il faut se laisser en cet Esprit, afin qu'il élève notre âme dans les intentions qu'il voudra pendant toute cette œuvre, demeurant intimement unis à lui en tout ce qu'il nous faudra faire.

Ainsi l'intérieur de JÉSUS-CHRIST, qui consiste en son divin Esprit, remplissant son âme de toutes les intentions et dispositions dont DIEU pouvait être honoré par lui et par toute son Église, doit être toujours devant nos yeux comme la source et le modèle de tout l'intérieur de nos âmes.

Et même il faut souvent offrir à DIEU ce divin intérieur en supplément du nôtre, afin qu'il serve envers lui de réparation de nos fautes. Notre Seigneur même a bien voulu l'offrir souvent à DIEU à cette intention.

Il faut encore remarquer que pour l'union que nous devons avoir avec l'Esprit de notre Seigneur pour vivre dans la vie chrétienne et pour agir en sainteté, il n'est pas nécessaire de sentir en soi cet Esprit, ni de goûter par expérience les sentiments et les dispositions de JÉSUS-CHRIST; mais il suffit de s'y unir par foi, c'est-à-dire par volonté et par désir réel et véritable. Et c'est ce que le Saint-Esprit nous donne pour nous faire agir selon le désir de notre Seigneur même, lorsqu'il dit que « son Père veut avoir des adorateurs en esprit et en vérité [1] », c'est-à-dire de vrais religieux et adorateurs qui soient

---

1. Jn 4, 23.

séparés d'eux-mêmes en vérité sans rechercher leurs intérêts, et qui adhèrent réellement à l'Esprit de JÉSUS-CHRIST religieux et adorateur de DIEU le Père : <c'est> en quoi consiste la vraie religion intérieure et chrétienne.

Lorsque le Saint-Esprit est en nous par la grâce et que nous vivons séparés du péché, il suffit que notre âme par sa plus pure portion, c'est-à-dire par ce qu'on appelle esprit en elle, se tienne unie au Saint-Esprit pour agir en sa vie et en sa sainteté.

[P. 156-157.]

« PIETAS SEMINARII SANCTI SULPITII »

Olier voulait laisser à ses disciples et collaborateurs une sorte de directoire spirituel, qu'il appela « Pietas seminarii Sancti Sulpitii », *rédigé pour eux en latin. Il ne put l'achever, mais ses notes furent précieusement recueillies : n'était-ce pas un testament spirituel, dont certaines formules bien frappées devaient rester dans toutes les mémoires ? Pour n'en rien perdre, les éditeurs de 1819 et les suivants ont fusionné les diverses rédactions, alors qu'Olier avait cherché à améliorer et simplifier la première d'entre elles. Il nous paraît préférable de nous en tenir à la version qu'il avait le plus élaborée. La traduction est due, sauf pour quelques lignes, à François Tollu (1954).*

DIRECTOIRE SPIRITUEL DU SÉMINAIRE SAINT-SULPICE

1

Le but premier et dernier de cet institut sera de vivre souverainement pour Dieu dans le Christ Jésus notre

Seigneur [1], de telle sorte que l'intérieur de son Fils pénètre l'intime de notre cœur et qu'il soit permis à chacun de dire ce que saint Paul affirmait, pour son compte, avec confiance : « Ce n'est plus moi qui vis, c'est le Christ qui vit en moi [2]. » Telle sera chez tous l'unique espérance et l'unique pensée, tel aussi le seul exercice : vivre intérieurement de la vie du Christ et la manifester en actes dans notre corps mortel [3].

2

Aussi la dévotion principale sera-t-elle de se consacrer au sacrement très saint du Corps et du Sang du Christ. En lui, non seulement on vénérera la très sainte Trinité, source de tous les biens, et le Christ, qui est là caché, comme médiateur de toutes grâces, mais on étreindra aussi ce même Seigneur qui nous y fait communier à sa propre vie.

3

On adorera constamment tous les mystères de Dieu, éternels comme temporels, la vie éternelle du Père engendrant le Fils et produisant l'Esprit, comme le Christ lui-même donnant par sa plénitude la vie en lui.

Quoique le très saint sacrement soit le mémorial de toutes les merveilles du Christ et nous rende sans cesse

---

1. Rm 6, 11.
2. Ga 2, 20.
3. 2 Co 4, 10-11.

présent leur intérieur, la communauté s'attachera cependant avec une tendre prédilection aux mystères de l'enfance du Sauveur Jésus. Elle s'efforcera de se nourrir de sa vie, de ses dispositions et de son Esprit, principalement de son esprit d'humilité et de simplicité. C'est vers lui qu'elle tournera toujours sa bouche ouverte, afin de désirer avec simplicité ce lait très doux, comme le font les enfants nouveau-nés [1]. Jamais elle n'oubliera sa sentence : « Si vous ne devenez comme ce petit enfant, vous n'entrerez pas dans le Royaume des cieux [2]. »

4

Puisqu'ils adhèrent intimement au Christ enfant, les aspirants de cette communauté honoreront d'un culte particulier sa très sainte Mère Marie et le bienheureux Joseph. Ils s'abandonneront pleinement et avec confiance à leur protection tutélaire, et, petits enfants dans le Christ, ils passeront leur vie en toute sécurité à l'ombre de ce père et de cette mère ; ils leur seront soumis par l'engagement d'une perpétuelle servitude.

5

Ils invoqueront aussi comme leur patron particulier le bienheureux Jean l'évangéliste, qui est devenu à la Cène un autre Christ, et à la croix le fils adoptif de sa Mère.

1. 1 P 2, 2.
2. Mt 18, 3-4.

Vénérant surtout en sa personne la grâce de l'eucharistie, ils s'efforceront sans cesse de puiser à son exemple cette même grâce à la source qui coule de la poitrine du Seigneur [1].

6

Ils honoreront aussi les très saints apôtres, nourris du Christ à la Cène et transformés en lui, comme dit saint Chrysostome, pour devenir en ce même Jésus les douze fondements de l'Église [2]. Ils invoqueront chaque jour leur protection, leur esprit et leur grâce sur toute l'Église et principalement sur la maison [3] du séminaire, qu'ils regarderont comme le collège apostolique. Ils désireront de toutes leurs forces apprendre en lui les vertus des apôtres et s'approprier leurs dispositions.

7

La communauté vénérera de même d'un culte souverain, après le très saint sacrement de l'eucharistie, la sainte croix du Christ et elle adhérera étroitement à ses traces, avec l'aide et le patronage de saint Martin qui fut son grand dévot. Elle exaltera cette croix en son cœur par-dessus toutes choses, elle s'attachera à la découvrir, mais c'est surtout sa nudité tant intérieure qu'extérieure et son mépris qu'elle désirera avec toutes les forces de

---

1. Voir ORIGÈNE, *Sur saint Jean* I, 23.
2. 1 Co 3, 2 ; Ep 2, 20 ; Ap 21, 14.
3. L'ensemble des membres de la communauté.

sa foi. Elle souhaitera également de tout son cœur être maltraitée, être méprisée et finalement mourir ; et afin de pouvoir atteindre cette récompense, elle veillera par tous les moyens à mourir entièrement chaque jour à elle-même.

8

Enfin la communauté, comme une victime du Christ, verra dans la croix un autel très propice, sur lequel elle s'efforcera de faire monter chaque jour son sacrifice, soit en luttant virilement pour le Christ, contre le monde, la chair ou le démon, soit en annonçant toujours le Christ lui-même, par la parole et par l'exemple. Elle s'appliquera à mettre toute sa joie dans le labeur pénible, pauvre et sans honneur, et n'oubliera jamais ce grand précepte : « Si quelqu'un veut marcher à ma suite, qu'il se renonce lui-même, qu'il prenne sa croix et qu'alors il me suive [1]. »

9

Les membres de la communauté, plusieurs fois dans le jour, mais surtout le matin et au début de chaque action et de chaque entretien, feront donc devant Dieu un acte de renonciation à eux-mêmes. Ils se donneront avec confiance au Christ Seigneur qui demeure en leur intérieur, afin que, morts à eux, ne vivant et ne travaillant que pour Dieu seul, ils puissent lui plaire dans le Christ, par le Christ et avec le Christ.

---

1. Lc 9, 23.

10

Se détournant toujours d'eux-mêmes avec horreur, et recueillis intérieurement dans le Christ, menant leur vie sous l'action vivifiante de son Esprit, ils agiront en se conformant à la parole de Pierre : « Si quelqu'un parle, que ce soit des paroles de Dieu ; si quelqu'un remplit un office, que ce soit par la force que Dieu met en son office [1]. » En vrais chrétiens, ils vivront plus dans le Christ qu'en eux-mêmes, et, en toutes choses, ce sont les exemples de ses vertus et de sa conduite qu'ils représenteront, selon cette parole : « Que la vie de Jésus soit manifestée en vous [2]. »

11

C'est pourquoi ils porteront toujours sur eux son très saint Évangile, afin que, d'après le prophète qui dit le bonheur de celui qui nuit et jour médite la loi du Seigneur [3], ils aient toujours devant les yeux le modèle des vertus chrétiennes, pour qu'ils reçoivent aussi dans les oreilles de leur cœur les préceptes de la vie chrétienne, et enfin pour qu'ils aient dans les mains les actions du Christ afin de les accomplir [4].

---

1. 1 P 4, 11.
2. 2 Co 4, 10.
3. Ps 1, 2.
4. Dans l'*Introduction à la vie et aux vertus chrétiennes*, le chapitre IV, « Manière de faire oraison sur les vertus », développe cette méthode d'oraison : avoir Jésus devant les yeux, dans le cœur et dans les mains.

12

Tout ce qu'ils auront vénéré dans l'Évangile, toutes les actions du Christ qu'ils auront considérées, tous ses préceptes qu'ils auront écoutés, ils ne manqueront pas de les rechercher et de les demander avec confiance dans le très saint sacrement de l'eucharistie. Comme s'ils entendaient de leurs propres oreilles ces paroles du Christ : « Recevez mes leçons, car je suis doux et humble de cœur [1] », ils accourront avec empressement, par l'oraison ou par la communion, vers le Christ à l'autel. C'est là qu'il appelle à lui toute l'Église pour la refaire grâce à ce livre de la loi de vie qui est caché sous l'apparence du pain et du vin.

13

Les membres de la communauté doivent savoir que ce livre fait souffrir par son amertume le ventre de celui qui l'absorbe [2]. Aussi celui qui aura vraiment conçu les paroles de vie dans l'Évangile et qui, nourri de sa chair, voudra progresser dans le Christ, n'aura qu'un unique moyen de croître en lui, c'est de mortifier sa chair et d'exterminer ses appétits. Il devra pour cela s'appliquer surtout à renoncer au jugement et à la volonté propres qui font au plus haut point obstacle à la vie et au Règne du Christ.

1. Mt 11, 29.
2. Voir Ap. 10, 9.

14

Qu'ils ne cessent jamais de se combattre eux-mêmes, sachant que les violents ravissent le ciel [1] ; il ne faut pas combattre seulement contre la chair qui ne se sanctifie jamais dans cette vie et dont les désirs sont toujours contraires à ceux de l'Esprit [2], mais également contre les Principautés, les Puissances et les esprits mauvais répandus dans les airs [3].

15

C'est du Christ régnant dans l'eucharistie qu'ils doivent espérer avec confiance toute force contre eux-mêmes, le monde et le démon. Il est là en vrai triomphateur, et par sa mort et sa Résurrection qu'il oppose toujours présente aux ennemis de son Père dans l'Église, il s'efforce de contraindre les rebelles à une prompte fuite et de les réduire ainsi à néant.

[Ms. 14, f° 289-302.]

---

1. Mt 11, 12.
2. Ga 5, 17.
3. Ep 6, 12.

LETTRES

L'esprit apostolique

Quand Olier envoie ce billet à la sœur de Vaul-dray, il a déjà quitté la vie facile que sa situation lui permettait de mener pour se lancer dans les missions rurales. N'était-ce pas faire preuve d'« esprit apostolique » ? Oui, mais il voudrait donner bien davantage, comme le montrent ces lignes où il laisse parler son cœur. La lettre est de la fin de mai 1639.

Ma très chère fille,

Je vous écris ce mot sur mon départ pour une mission où on m'envoie. Je vous conjure de demander pour moi fortement et souvent l'esprit apostolique ; car le ciel me donne de puissants désirs pour cette grâce. Je vous regarde comme la personne qui êtes destinée à prier sans cesse pour tous mes besoins. Celui que je vous expose ici est mon plus grand, car si j'obtiens cette faveur, je ne désire plus rien et ne demande plus rien à notre Seigneur que de la conserver. Quels biens ne serons-nous pas capables de faire avec cet esprit ! Que de cœurs seront convertis, que d'âmes reviendront à Dieu, que de bénédictions partout où nous irons ! Il faut employer toutes nos forces pour obtenir ce don. Voici la fête qui approche où cette grâce se distribue [1]. Levez les mains au ciel, ouvrez votre poitrine et fendez votre cœur. Il ne faut rien épargner pour cela. Je vous le rendrai bien après, et vous en sentirez avantageusement les effets. Mais quand vous n'y auriez pas d'intérêt particulier, la pure gloire de Dieu qui y est intéressée [2] vous oblige à le faire.

[T. I, p. 113-114.]

---

1. La Pentecôte, qui tombait en 1639 le 12 juin.
2. C'est-à-dire : qui est concernée.

Lettre à la mère de Bressand

À des religieuses trop portées à compter sur elles-mêmes pour se «détacher des choses de la terre», Olier enseigne vigoureusement à «établir Jésus en nous». «C'est par là qu'il faut commencer.» La lettre est du début de janvier 1642.

Qui a DIEU a tout.

Ma très honorée mère [1], vive Jésus en tous !

Je vous dirai seulement, pour votre état et pour celui de la plupart des vôtres [2], qui est même assez universel dans votre ordre, qu'il ne faut pas se contenter d'être

---

1. Marie-Constance de Bressand (1593-1668) fut envoyée par sainte Chantal avec le groupe de Visitandines qui forma le premier monastère de Paris ; supérieure à Moulins, elle fut la première supérieure de la Visitation de Nantes (1630). Durant le séjour de Jean-Jacques Olier à Clisson et à Nantes (juillet-décembre 1638), elle lui demanda d'être son directeur spirituel.

2. Les Visitandines dont elle avait la charge.

vide d'Adam, où vont simplement ces sentiments de dépouillement, de dénuement, de détachement des choses de la terre ; c'est le moindre de l'état du chrétien, car on n'est pas seulement mort à Adam, mais on doit être vivant à Dieu en Jésus-Christ [1]. On doit être rempli de Jésus-Christ ; notre travail, dit saint Paul [2], c'est de faire que Jésus-Christ soit tout en tous. Il faut travailler à cela, ma chère mère, soigneusement, et pour vous dire la vérité entre nous, c'est par là qu'il faut commencer, à savoir d'établir Jésus en nous, qui en bannisse Adam ; que son humilité chasse notre superbe ; son amour, l'amour-propre ; que son Esprit prenne le lieu [3] du nôtre, bref, que le nouvel homme bannisse l'ancien. Il faut donc beaucoup aimer et adorer Jésus pour l'attirer en nous. Il se faut beaucoup donner à son Esprit, afin qu'il agisse dans nous et qu'il prenne une entière et totale possession de nous, pour opérer en nous toutes nos œuvres à la gloire de Dieu son Père.

Ma mère, vous entendez bien, quand je vous parle de vous remplir de Jésus, que j'entends de vous remplir de ses dispositions, d'entrer dans ses mêmes sentiments, en son intérieur même, en être faite participante, ce qui se fait en l'adorant beaucoup et s'y donnant continuellement : et, entre autres dispositions, être beaucoup appliquée à Dieu par respect, adoration, amour, louanges, remerciements, contrition et autres occupations intérieures, tant envers Dieu qu'envers le prochain pour Dieu.

OLIER.

[T. I, p. 182-183.]

---

1. Rm 6, 11 (voir « *Pietas...* », p. 211, n. 1).
2. Col 3, 11.
3. La place.

Lettre à Mme Tronson

Par la fidélité de chaque jour, rendre hommage à la continuité de l'amour divin. Ne pas se concentrer sur ses peines, mais être occupé de Jésus seul. La lettre est de mai 1651.

Ma très chère fille [1],

Que Dieu soit béni de tout et qu'il dispose, s'il lui plaît, de tous nos moments et nos jours, et pour sa gloire, et qu'il les emploie sans intervalle à son service et son amour. Il faut que nos jours rendent hommage à la perpétuité de sa dilection et que nous n'ayons aucun relâche [2] en nos devoirs et nos services. Ma chère fille, allons

---

1. Claude de Sève, mariée en 1620 au secrétaire de Louis XIII, Louis Tronson, lui donna quatorze enfants. D'abord dirigée par le père de Condren, elle se mit, à partir de la fin de 1642, sous la conduite de son curé, J.-J. Olier. Trois de ses fils entrèrent plus tard à Saint-Sulpice.
2. Le mot était masculin.

sérieusement à l'amour qui nous transfère en Jésus-Christ et nous sépare de nous-mêmes. Que Jésus soit le tout de notre amour et <de> notre cœur, qui nous remplisse tellement qu'il ne nous laisse aucun vide capable d'être occupé d'aucune créature ni de nous-mêmes. Ô amour, que vous faites d'effets divins dans les âmes qui vous possèdent et que vous animez de vous ! Que faisons-nous en nous amusant sur nous-mêmes ?

Ma fille, pour l'amour de Jésus, unique objet des cœurs, ne détournez point les yeux de sur celui qui ne les a jamais détachés de sur vous de toute l'éternité. Ô ma fille, si Dieu vous prépare cet objet dans le ciel, pourquoi ne vous suffit-il pas en la terre ? Vos yeux ont été consacrés à la contemplation de cet objet divin dès le moment de votre saint baptême, et vous les appliquez à vous, à vos peines, comme si c'était l'objet unique auquel vous fussiez destinée. Que vous sauraient servir tous ces retours que [1] pour satisfaire l'amour-propre, en l'affligeant et <en> nourrissant sa tristesse et sa mélancolie ? Vous n'aurez jamais la joie et la paix de votre cœur qu'en l'application unique à Jésus et en l'oubli parfait de tout vous-même. C'est votre tout obligé et obéissant.

OLIER.

[T. I, p. 546-547.]

---

1. « Que » équivaut à « si ce n'est ».

GLOSSAIRE

ADHÉRER : S'unir à, par l'intelligence et le cœur.

AMUSER : Divertir au sens pascalien, c'est-à-dire égarer ; amusement est proche d'égarement.

ANÉANTIR : L'anéantissement est la forme extrême de l'humilité. Il ne consiste pas à se détruire, mais à se considérer comme rien et à s'oublier soi-même. Le Christ lui-même s'est « anéanti » à la perfection (Ph 2, 7).

CHAIR : Comme dans les épîtres pauliniennes, « chair » désigne souvent, non le corps, mais les tendances mauvaises.

CONSOMMER : Vaugelas invite à distinguer consommer, qui signifie « accomplir » (de « somme ») et consumer, qui signifie « détruire » (notamment par le feu). Olier ignore cette distinction et écrit dans l'un et l'autre cas « consommer ». Dans sa pensée symbolique les deux sens se fondent : Jésus est accompli *(« consummatum est »)* par son holocauste sur la croix.

CONVERSER : Non seulement parler, mais aussi vivre familièrement avec quelqu'un.

CORRUPTION (de l'esprit humain) : Altération grave, mais qui n'est ni radicale, ni définitive, car elle n'empêche pas le sujet d'être, avec le secours de la grâce, « de bonne volonté » et appelé à la résurrection. Il est semblable à un malade dont l'organisme entier est affecté par la maladie, mais qui peut guérir.

DOUTE : « Sans doute » équivaut à notre « sans aucun doute ».

FOND : La distinction orthographique actuelle entre « fond » (opposé à surface) et « fonds » (capital, opposé à produit) n'est pas encore rigoureuse au XVIIᵉ siècle. Dans les traductions d'œuvres spirituelles rhéno-flamandes, « fond » rend *grunt* qui désigne dans l'homme ce qui est le plus intérieur.

HOSTIE : Victime.

INCESSAMMENT : Sans cesse.

INTÉRIEUR : La pensée et l'affectivité envisagées en leur activité unifiée et orientée par l'Esprit Saint. Les expressions « intérieur de Jésus » et « cœur de Jésus » sont interchangeables.

MYSTÈRE : Primitivement un « mystère » est une réalité cachée, puis dévoilée. Mais le mot est appliqué assez largement à tous les moments de la vie de Jésus, comme lorsque nous parlons des « mystères du Rosaire ».

OPÉRATION : Dans la littérature spirituelle, terme consacré pour désigner ce que Dieu fait en l'homme, de manière sensible ou non (d'où la locution ironique : « par l'opération du Saint-Esprit »).

POSSÉDER : Terme de la langue mystique. Est possédé par Dieu celui qui n'est mu que par Dieu.

RELIGION, RELIGIEUX : « Religion » est pris souvent au sens large ; non seulement les actes extérieurs du culte, mais aussi les actes intérieurs de foi, d'espérance, d'amour de

Dieu, d'adoration, etc. Jésus, les accomplissant mieux que quiconque, est le parfait « religieux ».

RENCONTRE (mot masculin) : Situation.

SERVITUDE : L'esclave *(servus)* appartient au maître et doit lui obéir en tout. Le fidèle peut s'engager par un vœu de servitude à la dépendance la plus étroite de Marie ou de Jésus.

SUPERBE (substantif ou adjectif) : orgueil ou orgueilleux.

VERS : Envers.

VERTU : Ce terme est parfois employé au sens moral, mais plus souvent, sans connotation morale, au sens étymologique de force, d'efficience ; c'est par exemple la puissance qui sort de Jésus et guérit (Mc 5, 30).

TABLE DES MATIÈRES

LE XVIIe SIÈCLE FRANÇAIS
aux éditions du Cerf

Collection « *Épiphanie* »

M. ACARIE, *Lettres spirituelles,* 1993.

J. COMBY, *L'Itinéraire mystique d'une femme, Marie de l'Incarnation,* 1993.

A. DODIN, *Initiation à Saint Vincent de Paul,* 1993.

B. GUITTERY, *Grignion de Montfort, missionnaire des pauvres,* 1993.

B. PITAUD, *Histoire d'une direction spirituelle au XVIIe siècle, Gaston de Renty – Élisabeth de la Trinité,* 1994.

J.-J. OLIER, *Vivre pour Dieu en Jésus-Christ,* 1995.

Collection « *Foi vivante* »

P. DE BÉRULLE, *Élévation sur sainte Madeleine,* n° 224, 1987.

P. DE BÉRULLE, *Les Mystères de la vie du Christ,* n° 233, 1988.

P. DE BÉRULLE, *La Vie de Jésus,* n° 236, 1989.

JEAN EUDES, *Le Baptême,* n° 271, 1991.

J.-J. OLIER, *La Sainteté chrétienne,* n° 293, 1992.

Collection « *Textes* »

Abbé de Rancé, Correspondance (édition originale), 4 vol., 1993.

Sainte Jeanne de Chantal, Correspondance, 5 vol., 1986 ; II, 1987 ; III, 1989 ; IV, 1991 ; V, 1993.

Nicolas Barré, Œuvres complètes, 1994.

Pierre de Bérulle, Œuvres complètes ; tome I, première traduction française des conférences ; tome II, édition originale des conférences, 1995.